EL EXAMEN FINAL DE NUESTRA VIDA

EL EXAMEN FINAL DE NUESTRA VIDA

Imagina si supieras cuáles serán las preguntas que te preguntarán al final de una carrera de universidad... Sería grandioso, ¿no?
Seguramente te dedicarías a estudiar precisamente esas preguntas que te harán...
En este libro se presentan cuáles serán las preguntas que nos harán en el Juicio Celestial al partir de este mundo...

Autor:	**Salomón Michán M.**
	salomichan@hotmail.com
	(521) 55 5965-1288 México
Revisión y corrección del texto:	**Sra. Margarita Cohen**
	Sra. Raquel Huerin
Diseño gráfico:	**Lic. Jacqueline Atri**

Editorial Jerusalem de México
Homero 1212 Polanco
México D. F. 11550
Tel. (52)-(55)-52-03-09-09

editorial@jerusalemdemexico.com
www.jerusalemdemexico.com

Este libro puede también conseguirse en:

Argentina:	Tel. (54-11) 49-63-38-43
Israel:	Hajidá 12, Bait Vegan
	Jerusalen
	Tel. (972-2) 641-15-80

ISBN en trámite

Índice

Introducción

Está escrito en el Talmud:[1] Cuando una persona muere, es convocada para ser juzgada en la Corte Celestial, en donde le preguntan lo siguiente:

1. ¿Fuiste honesto en tus negocios?
2. ¿Fijaste un tiempo para estudiar Torá diariamente?
3. ¿Te ocupaste en tener hijos?
4. ¿Anhelabas la redención?
5. ¿Intentaste adquirir sabiduría y entendimiento?
6. ¿Analizaste una cosa dentro de otra?

Demos por hecho que respondes que "sí" a todo esto. Lo hiciste todo correctamente. Pero hay una pregunta más:

1. ¿Tuviste temor a Dios?

Si no, dice el Talmud, mejor que no hubieras hecho nada de esto. El temor a Dios es el factor decisivo.

Nuestros Sabios agregan otras preguntas que se nos harán en la Corte Celestial. Y éstas son:[2]

[1] Maséjet Shabat 31a.

1. ¿Te ocupaste en Torá y *Guemilut Jasadim* (hacer favores a los demás)?
2. ¿Honraste a tu Creador día y noche?
3. ¿Honraste y respetaste a tu compañero para que se sienta bien?

Quien haya contestado positivamente a estas preguntas, es decir, aquel que haya cumplido correctamente, su alma saldrá de su cuerpo sin ningún sufrimiento, como se saca un vello de la leche.

Además, está escrito que cuando lleguemos el Juicio Celestial, nos preguntarán nuestro nombre. Explicaremos esto al final de este libro.

¡Suerte en tu examen final!

---

[2] Reshit Jojmá Shaar Hairá capítulo 12, 4. Shaar Kedushá 2, 2. Igueret Hagrá. Otzar Hamidrashim página 93 (Gueinám).

¿FUISTE HONESTO EN TUS NEGOCIOS?

¿NASATA BENATATA BEEMUNÁ?

1. ¿Fuiste honesto en tus negocios? *¿Nasata benatata beemuná?*

¿Cómo se mide el nivel de la persona?

Está escrito en el **Talmud**:[3] "Cuando la persona llegue a su Juicio Final, la primera pregunta que le harán será: *¿Nasata benatata beemuná?*, ¿Comerciaste con lealtad y fidelidad?

Está escrito que el nivel de la persona hacia Dios depende de cómo se comporta en los negocios, como escriben los Sabios: "Lo principal de ser una persona justa depende de cómo se comporta en los negocios. Toda persona que se comporta con rectitud en los negocios es considerada *Tzadik Gamur* (justo íntegro)".[4]

¿Comercializaste con Emuná (fe)?

Una de las claves para comportarse con rectitud es: saber que Dios mandará el sustento a todos y cada uno de nosotros sin importar qué tipo de trabajo u oficio desempeñemos.

Uno de los pecados por los cuales Dios más se enoja es el del robo, ya que Dios dice: "Igual iba a dártelo. Entonces, ¿para qué lo tomas de manera prohibida?".

---

[3] *Maséjet Shabat* 31a.
[4] *Kab Hayashar* 22.

Como ya escribimos, dice el Talmud:[5] La primera pregunta que nos harán cuando lleguemos al Juicio Celestial será: *¿Nasata benatata beemuná*?, "¿Comerciaste con *emuná* (fe)?".

El Talmud nos da varios motivos respecto de por qué fue destruido el *Bet Hamikdash* (el gran Templo Sagrado de Jerusalem). Uno de ellos es: porque se acabó la gente que trabaja con fidelidad y rectitud.[6]

Explica el Maharshá (Rab Shelomó Aidels, 1555-1632) que esto significa que la gente comenzó a trabajar de manera incorrecta: cobrando intereses (de manera prohibida), mintiendo, robando, etc. Tal fue uno de los motivos de la destrucción del *Bet Hamikdash*.

El deseo por el dinero

Las pruebas relacionadas con el dinero son las más difíciles de superar, ya que, por naturaleza, la persona tiene deseo por el dinero,[7] al grado que dice el Talmud que la mayoría de las personas traspasan la prohibición de robo.[8]

Normalmente el *Yétzer Hará* (instinto negativo) debe trabajar muy duro para hacernos caer en el pecado, pero ante el dinero, nosotros mismos caemos y

[5] *Maséjet Shabat* 31a.
[6] *Maséjet Shabat* 119b.
[7] *Maséjet Jaguigá* 11.
[8] *Maséjet Babá Batrá* 165a.

traspasamos las leyes, pues cada uno quiere encontrar "permisos" para hacer "movimientos" muchas veces deshonestos o prohibidos.

Aunque mucha gente podría decir que nunca roba y nunca ha robado, debemos entender lo que para la Torá significa "robar". Mentir para ganar dinero está prohibido por la Torá. Dañar a los demás para ganar dinero está prohibido de acuerdo a la Torá. Mentir para que el seguro pague algún daño, también se considera robo. Y así hay muchísimos otros ejemplos…

Para cuidarse de este terrible pecado, debemos conocer las palabras de Rab Moshe Jaim Luzzato, quien dice así: "El deseo por el dinero es muy grande y mucha gente tropieza con él; por eso es necesario ser experto en las leyes de comercio, compra y venta, etcétera".[9]

Cabe mencionar que quien trabaja, hace negocios y comercializa, debe conocer perfectamente las leyes de negocios, ya que se encontrará con diferentes casos todos los días.

Los pequeños detalles

Si no nos cuidamos correctamente, corremos el riesgo de cometer pecados muy graves en los negocios… y todo empieza por pequeños detalles, tal

---

[9] *Mesilat Yesharim* 11.

como dice el Talmud: "El trabajo del *yétzer hará* empieza poco a poco, hasta que la persona peca a lo grande".[10]

Por supuesto que muy pocos se atreven a robar con total descaro, por ejemplo, con un arma, pero hay pequeños detalles dentro de los negocios que, pensamos, no son indebidos, aunque la Torá realmente los prohíbe.

Cuidemos la honestidad

Como ya mencionamos, está escrito en el Talmud[11] que la primera pregunta que formularán a la persona en el Juicio Final es: "¿Comerciaste con fidelidad, con honestidad?".

En estos tiempos en los cuales es tan difícil conseguir el sustento, la mayoría de la gente piensa que quien trabaja honestamente no puede comer ni siquiera pan y sal. Y entonces, el engaño y la estafa se han hecho moneda corriente.[12] Mentir, robar e invadir terrenos ajenos está "permitido" en esta época. Eso, aparte del tiempo que se deja de estudiar Torá por causa del trabajo, al igual que dejar de pronunciar la *Tefilá* en público, no cuidar Shabat y otras cosas más. Lo peor de todo es que nadie pone atención a este

---

[10] *Maséjet Shabat* 105b.
[11] *Maséjet Shabat* 31a.
[12] Likuté Moharán 280, 2.

grave problema, ni piensan en arrepentirse y corregir sus faltas.

No en vano dijeron nuestros *Jajamim* que los *Tzadikim* (hombres justos) en este mundo son muy pocos. Y toda la Torá está basada en la fe. Como está escrito: "El *Tzadik* (hombre justo) en su fe vivirá".

A la persona se le reconoce cuando tocan su bolsillo, pero quien está convencido de que Dios es el que da la fuerza a la persona para que consiga lo que necesita y que todo lo que tendrá está destinado para todo el año ya desde Rosh Hashaná, no va a cometer ningún acto ilícito para obtener lo que requiere. Si lo hace, se encontrará con que "La riqueza (mal habida) espera al hombre para perjudicarlo" (*késef shamur lebealav leraató)*".[13]

Por tanto, si ves a un hombre que comercia honestamente y sus ingresos son pequeños, no debemos pensar de ninguna manera que eso es porque es un *Tzadik*. ¡Esto es imposible! ¿Acaso el Juez de toda la Tierra no hace justicia? Sucede que no entendemos Sus juicios y esto aparece ante nuestros ojos como injusto.

La persona que confía plenamente en la Justicia de Dios y en que todo lo que hace es para bien, seguro a él también le irá bien, tanto en este mundo como en el venidero.

---

[13] *Kohelet* (Eclesiastés) 5:12.

Es cierto que todos los integrantes del Pueblo de Israel somos creyentes -hijos de creyentes-. Pero la fe no es lo único, sino que debe ir acompañada por el esfuerzo y el empeño para salir adelante. Los hechos deben complementar la fuerza espiritual; es así como se alcanzará la salvación divina.

¡Pobre de la generación que hizo de la mentira una costumbre, especialmente para los comerciantes! Mienten para poder vender. Y no sólo eso, sino que sacan de su boca juramentos sagrados en falso.

Piensan que esto no está prohibido y lo califican como "astucia comercial". Creen que quien no estafa es un ingenuo y, sin darse cuenta, cometen el peor de los pecados, llamado: *Jilul Hashem* (profanación del Nombre de Dios ante los demás).

La persona debe saber que quien así actúa no verá la bendición en sus negocios. Porque está escrito: "El que acumula riquezas ilegalmente, a la mitad de sus días lo abandonarán". Y si vemos que algún ladrón tiene éxito en su vida, al final quedará como un fracasado (si no en este mundo, sí en el venidero).

La persona que tiene fe y sabe aprovechar la bendición de Dios, hablará siempre con la verdad, aunque esa verdad lo lleve a soportar situaciones vergonzosas. Porque sabe que el pecado de hablar mentiras es tan grande, que prefiere pasar vergüenza en este mundo y no en el venidero.

Esta cualidad lo llevará a conducirse adecuadamente y a no tomar lo que no es suyo. Esto se parece a aquel hombre que cometía toda clase de faltas y llegó con un *Jajam* (Sabio judío) para corregir sus faltas. Le dijo: "¿Qué debo hacer para abandonar mi camino?". El *Jajam* le respondió: "Nunca más digas mentiras".

El hombre, al admitir siempre la verdad y no mentir, llegó a ser muy devoto y piadoso, porque la mentira es la base de todos los pecados que comete una persona, y la verdad es la raíz de la perfección.[14]

Realmente, ¿cuál es la primera pregunta?

Está escrito en el Talmud[15] (lo cual ya mencionamos) que la primera pregunta que se hará a cada persona al llegar al Mundo Venidero es: "¿Comerciaste con fidelidad y con fe?".

Pero en otra parte del Talmud[16] está escrito que la primera pregunta que se hará a la persona es si estudió Torá o no.

Aparentemente, existe una discusión. Debemos entender realmente a qué se refieren estas dos fuentes y si están discutiendo la una con la otra.

---

[14] *Pelé Yoetz, Masá Umatán*, traducido por *Hamaor* 3, 165.

[15] *Maséjet Shabat* 31a.

[16] *Maséjet Sanhedrín* 7a.

Está escrito en el *Pirké Abot*: "Dijo Rabí Gamliel, hijo de Rabí Yehudá: Es bueno el estudio de la Torá cuando se une con el trabajo".[17]

Preguntan los *Jajamim*: "¿Qué de especial tiene el hecho de trabajar, que la unión de éste con el estudio de la Torá es muy elevado ante los ojos de Dios?".

Puede explicarse que en realidad una depende de la otra; es decir, en el momento que trabaja con fidelidad, honradez y fe, automáticamente se ocupa en la Torá. ¿Por qué?

Cuando la persona va a trabajar, muchas veces se le presentan situaciones y/o escenarios para violar las leyes de la Torá. Veamos algunos ejemplos:

- Cuando se comercia con ropa de mujer, es muy habitual que se vea a mujeres sin el debido recato.
- Cuando se trabaja con ropa en general, podría suceder que tenga que mentirse cuando haya errores de tallas, por ejemplo.
- Cuando se trata con frutas, verduras, y comida en general, debe tenerse mucho cuidado en usar balanzas y básculas perfectamente calibradas.
- Cuando se trabaja en la construcción, se debe tener mucho cuidado en entregar exactamente lo que se

---

[17] *Pirké Abot* 2:2.

prometió, y no utilizar diferentes calidades en los materiales de construcción.

Y así muchos casos más…

De acuerdo con esto, en el momento en que se está trabajando, también se está estudiando Torá, ya que, a cada momento, mientras se trabaja, debe tenerse muy en cuenta cada ley de la Torá, qué debe hacerse y qué no.

Con esto se responde a la pregunta que hicimos: realmente la primera pregunta que nos harán es: si comerciamos con fidelidad y fe, y por cuanto que una de las condiciones necesarias para responder positivamente a esta pregunta es estudiar Torá para saber qué debe hacerse y qué no, nos harán la pregunta de si nos ocupamos en la Torá o no.[18]

Otra manera para contestar a esta contradicción es la siguiente: Realmente la primera pregunta que nos harán será si trabajamos con fe o no; pero para recibir el pago o el castigo (en el caso que no estudió) sobre el estudió de Torá, es primero sobre el tema del estudio de Torá.[19]

Se puede contestar de otra manera: Quien confía totalmente en que todo su sustento es mandado por Dios, llega al nivel de que ya no necesita trabajar y se puede ocupar en el estudio de Torá. Según esto, es lo

[18] *Kedushat Leví, Likutim Abot* 2.
[19] Ver Tosafot en Sanhedrín 7a y 40b.

que se preguntará en el Juicio Celestial: ¿Trabajaste con Emuná?, ya que es parte y es lo que provoca llegar a la segunda pregunta: ¿Fijaste tiempos para estudiar Torá?[20]

Existe otra manera de responder: Si primero nos preguntaran si nos ocupamos de la Torá, diríamos que no tuvimos tiempo, ya que debíamos traer dinero a la casa para mantener a la familia y por eso nos fue imposible hacerlo. Por eso, primero se nos preguntará si teníamos fe y confianza en que todo depende de Dios, y después de contestar que sí, ya nos van a preguntar si estudiamos Torá o no; y ya no podríamos contestar que no tuvimos tiempo, ya que apenas contestamos que sí teníamos fe y confianza en Dios.[21]

Y otra respuesta: Cuando primero nos pregunten si comerciamos con fe y honestidad, y después si estudiamos Torá o no, si la persona que comercializa no trabajó con honestidad, todo su estudio se considera *Jilul Hashem*, como si estuviera profanando el nombre de Dios, ya que quien lo vea dirá que "esa gente religiosa trabaja falsamente y chueco".

Trabajar con honestidad es una ley

El ***Shulján Aruj***,[22] el **Código de Leyes Judías**, escribe: "Después de haber rezado *Shajrit* (la plegaria

---

[20] Prí Tzadik Vayikrá 6.

[21] Ben Yehoyadá, dibur hamatjil "nasata".

[22] *Shulján Aruj*, *Oraj Jaim* 156, 1.

matutina) y haber estudiado Torá, debe irse a trabajar... pero no debe hacerse del trabajo lo principal, sino algo pasajero.[23] Se debe trabajar con honestidad (sin mentiras, robos, etcétera)".

Debido a que el hecho de trabajar es parte de nuestra vida y gran parte del mundo se dedica al comercio o a trabajos en general, compra y venta, etc., es de suma importancia dedicar tiempo suficiente a saber qué está permitido y qué está prohibido para la Torá en la vida comercial.

Podríamos pensar que los *Jajamim* de tiempos de la *Mishná* y del *Talmud* no trabajaban y se ocupaban del estudio de la Torá todo el día, pero en realidad no era así. La gran mayoría de esos grandes *Jajamim* dedicaban tiempo para trabajar y ocuparse en ganar su sustento día a día. Por supuesto que el tiempo de estudio de la Torá y las *Mitzvot* era lo más importante para ellos y el trabajo era secundario, así como dijo el *Shulján Aruj*.

He aquí algunos ejemplos de esos grandes Jajamim y en qué trabajos se ocupaban:

Rabí Abín era carpintero.[24] Rabí Amí era doctor.[25] Rabí Yehudá vendía perfumes.[26] Rabí Yehudá Bar Ilai

---

[23] El *Mishná Berurá* (156, 1-3) explica que no se debe trabajar en forma exagerada, sino lo suficiente para vivir tranquilo, plenamente y sin lujos (de la misma manera que uno mantendría a una persona que vive en su casa; *Shaar Hatziyun* 156, 3).

[24] *Maséjet Shabat* 23b.

transportaba barriles de un lugar a otro.[27] Abá Jilkiá trabajaba en los campos.[28] Hilel cortaba madera.[29] Rab Jisdá y Rab Papa hacían cerveza.[30] Rab Yosef tenía un molino.[31] Rabí Eliézer trasquilaba lana.

¿Qué tan Kasher es tu negocio?

Rab Israel Salanter (1810-1883) enseñaba que la conducta ética basada en los mandamientos de la Torá es uno de los objetivos fundamentales del Pueblo Judío. Su trabajo se concentró especialmente en enseñar ética judía en los negocios. Decía que así como verificamos que un alimento sea *Kasher*, debemos verificar con igual cuidado que ganemos el dinero de manera *Kasher*, es decir, éticamente.

El **Rabino Yeshayá Horowitz** (1555-1630) nos dice en *Shaar Haotiyot*: "La *Mezuzá* (caja con rollo que contiene versículos de la Torá) que hemos colocado en el marco de la entrada de nuestra casa, está conectada con las cosas que metemos y sacamos de nuestros hogares. Reunimos en nuestra casa la riqueza que Dios nos ha conferido y ésta debe haberse obtenido con honestidad y buena fe, como corresponde a una casa

---

[25] Yerushalmi, *Maséjet Berajot* 4, 2.
[26] *Maséjet Julín* 58b.
[27] Tashbetz 1, 148.
[28] *Maséjet Taanit* 23a.
[29] Rambam, en *Pirush Hamishnayot, Pirké Abot* 4:5.
[30] *Maséjet Pesajim.*
[31] *Maséjet Guitín* 67b.

donde la ley de Dios está inscrita en su entrada. Ése es el secreto para conducir nuestros negocios éticamente. En otras palabras, lo que uno trae a la casa -el sustento que uno gana-, debe conseguirse de forma ética, y lo que sacamos -en lo que gastamos nuestro dinero-, también debe hacerse de forma ética".

Las palabras ***Kasher*** y ***Kashrut*** vienen de la raíz hebrea *kaf-shin-reish,* que significa "propio", "permitido" o "correcto". En la Torá hay más de 100 mandamientos relacionados con el *Kashrut* de nuestro dinero, muchos más que los relacionados con el *Kashrut* de la comida.

Por ejemplo, nuestros Sabios nos enseñan que el octavo mandamiento "No robarás", no sólo se refiere al acto de robar un bien material a alguien, sino que extiende su significado a la prohibición de actuar falsa o fraudulentamente en asuntos de comercio y de negocios.

En la Torá hay varios versículos que norman la conducta ética en los negocios:

"No haréis injusticia en los juicios, ni en las medidas de tierra, de peso ni de capacidad.[32] *Balanzas justas, pesas justas y medidas justas tendréis".*

---

[32] *Vaikrá* (Levítico) 19:35-36.

"Y cuando vendan algo a vuestro prójimo o compren de mano de vuestro prójimo, no engañe ninguno a su hermano".[33]

"Y no engañe ninguno a su prójimo".[34]

"No maldecirás al sordo y delante del ciego no pondrás tropiezo",[35] *lo que interpretamos como no abusar de alguien que está en posición de desventaja comparada con la nuestra.*

El movimiento *Musar* llevó nuevos aires al judaísmo tradicional combinando el estudio intelectual de las *Yeshivot* lituanas con la espiritualidad de los *Jasidim.* Fue como un lazo de unión entre los dos grupos ante la emancipación. Su mensaje ético continúa vigente hasta nuestros días, no sólo en los negocios, sino también en la vida diaria. Así que… ¿Qué tan *Kasher* es tu negocio?[36]

Dinero *Kasher*

Está escrito en la ***Berajá* (bendición) de los *Cohanim*:**[37] *Yebarejejá Hashem Veishmereja*, "…que te bendiga Dios y te proteja".

El comentarista **Rashí** explica que la bendición de la cual habla el versículo es el dinero, y Dios lo cuidará

---

[33] *Vaikrá* (Levítico) 25:14.
[34] *Vaikrá* (Levítico) 25:17.
[35] *Vaikrá* (Levítico) 19:14.
[36] *The Jewish Religion*, de Louis Jacobs, Encyclopedia Judaica.
[37] *Bemidbar* (Números) 6:22-27.

de los ladrones. Rashí agrega que cuando Dios es Quien proporciona el dinero, Él lo cuidará.

Aparentemente, está de más ese comentario, ya que siempre el dinero lo proporciona Dios.

La explicación es: cuando el dinero viene de Dios (ganado con fidelidad, honradez y fe), Él lo cuidará.

Cuando es dinero que Dios manda porque la persona se lo gana correctamente, Dios lo protege. Pero cuando ese dinero es ganado por medio de negocios "chuecos", mentiras o intereses prohibidos por la Torá, no tiene la bendición de Dios; y cuando el dinero no es bendecido por Dios, entonces no se aplica la promesa de que Dios lo cuidará.

Rab Yaacob Guinz dice que cuando la Torá nos habla de los donativos para el *Mishkán* (Tabernáculo), éstos se mencionan inmediatamente después de *Perashat Mishpatim*, la cual habla ampliamente sobre las leyes monetarias. Eso nos indica que los donativos tienen valor e importancia siempre y cuando sean de dineros bien poseídos. Si es dinero ganado de mala manera, por medio de robo o de mentiras, o contra la ley, ese donativo no es válido en el Cielo. Por eso, primero está *Mishpatim* (leyes) y luego *Terumá* (ofrendas).

Se cuenta que el famoso **Rab Israel Kanievsky** (1899-1985), conocido como el **Staipeler**, únicamente recibía donaciones de gente que ganaba su dinero correctamente y todo según la ley judía.

Es conocida la historia de que, en una ocasión, alguien le entregó cierta cantidad de dinero y él lo recibió. A esa persona le dio mucho gusto, pues sabía que el Rab Israel sólo recibía dinero de quien trabajaba con fidelidad.

La rectitud en los negocios

La Torá es un libro que expone claramente cómo debemos comportarnos, ya sea en la vida cotidiana, en los negocios, con nuestra pareja, en la educación de nuestros hijos, etcétera.

Por ejemplo, en el área de los negocios, uno de los puntos más importantes que nos enseña la Torá es ser recto y trabajar con fidelidad.

Eso se menciona en varios lugares de la Torá. Veamos algunos ejemplos de lo que la Torá nos pide y de algunas conductas de nuestros *Jajamim*.

La Torá nos ordena claramente que no debemos tener "balanzas y pesas incorrectas": "Balanzas justas, pesas justas y medidas justas tendrás"[38]. Incluso, el **Rambam** (Rabí Moshé ben Maimón, Maimónides,

---

[38] *Vaikrá* (Levítico) 19:36.

1135-1204) enumera esta ley como una *Mitzvá* de la Torá.[39]

El versículo completo dice: "*Balanzas justas, pesas justas y medidas justas tendrás. Yo, Dios, que los saqué de la tierra de Egipto*".[40]

Explica **Rashí** (Rabí Shlomo Itzjaki, 1040-1105) que con esta condición Dios nos sacó de Egipto: "que podamos cumplir con las leyes de tener balanzas y medidas correctas en los negocios".

Explica el **Jafetz Jaim** (Rab Israel Meir Kegan, 1839-1933) que tal como en Egipto sentimos la Mano de Dios y la supervisión Divina sobre cada uno de nosotros, eso mismo pasa con las leyes de las medidas correctas: Dios nos supervisa y nos mira a cada instante de nuestra vida y Él es el único que sabe si trabajamos con rectitud o no. Y el **Rambam** dice: "Todo aquel que reniega de las leyes de las medidas y básculas, es como si renegara de la salida de Egipto".

Dice el **Talmud**:[41] "Es más duro el castigo por transgredir las leyes de medidas y básculas que por cometer adulterio, ya que quien peca con mujeres puede hacer *teshubá* (arrepentirse), pero para la persona que peca y engaña a la gente con medidas y básculas erróneas, es muy difícil hacer *teshubá*, ya que

---

[39] Rambam, *Halajot Guenebá* 8:31 y 39.

[40] *Vaikrá* (Levítico) 19:36.

[41] *Maséjet Babá Batrá* 88b.

ésta (la forma de arrepentirse) para la persona que roba es devolver lo robado, y debido a que es muy difícil regresar todo lo robado (pues al final no sabe a cuánta gente robó), se le complicará hacer *teshubá*".

¡Gran importancia da la Torá al hecho de comerciar con fidelidad y rectitud!

Del negocio no viene la riqueza, sino de Dios

El Talmud nos enseña algo interesante:[42]

"Un padre debe enseñar a su hijo un trabajo limpio (que no tenga problemas de robo) y fácil, (que no tenga la necesidad de viajar mucho, o desvelarse, por ejemplo) y rezar a Dios, Quien es el dueño del sustento".

La pregunta es: ¿por qué debemos enseñar a nuestros hijos un trabajo limpio y fácil? Tal vez la riqueza se encuentra en los trabajos de mucho esfuerzo y viajes, y tal vez una que otra mentira…

La respuesta la da el mismo Talmud: "No existe ningún oficio (trabajo) en el mundo en que no haya ricos o pobres, ya que la riqueza no viene por el trabajo, ni la pobreza viene por él, sino dependiendo del mérito de cada persona".

El Talmud nos está diciendo algo muy interesante: no es necesario encontrar algún trabajo muy novedoso

---

[42] *Maséjet Kidushín* 82a.

o popular, sino que cualquier trabajo puede ser bueno, ya que el negocio no es el que trae la riqueza, sino Dios, y eso ya está destinado desde Rosh Hashaná, así como lo dice el Talmud.[43] Pero dado que debemos realizar el esfuerzo necesario, es forzoso trabajar en un negocio o trabajo lógico de acuerdo con el mundo de los negocios, ya que esa es parte del esfuerzo básico (por ejemplo, no es lógico vender abrigos en lugares donde hace calor arriba de los 30°C, incluso si se tiene mucha confianza en Dios, ya que ese esfuerzo que está realizando es erróneo y equivocado).

Y por eso que tiene destinado desde Rosh Hashaná, no es el negocio quien le traerá el dinero, sino Dios, por medio de ese negocio.[44]

Trabajar en adquirir Emuná (fe)

Otra de las explicaciones sobre lo que dice el Talmud: *¿Nasata benatata beemuná*?, "¿Comerciaste con *emuná* (fe)?", es la siguiente:

¿Qué tanto nos esforzamos y trabajamos, para adquirir Emuná, fe en Dios?

Es lo que se refiere el Talmud: ¿Qué hicimos en esta vida para poder lograr una fe completa en Dios?

---

[43] En *Maséjet Betzá* 16a.

[44] Ver Péle Yoetz "Onaá".

La fe no es comparada a un tema de *Halajá* (leyes judías). En ellas, cualquier persona podría estudiar el tema en profundidad o escuchar de un Rabino la conducta a seguir, y ya está listo y preparado para cumplir con esa ley.

Pero en la fe no existe la manera de adquirirla sin trabajar muy duro en ella. En otras palabras: "La fe no es un estudio, sino un trabajo".

Dijo en una ocasión Rab Don Segal: "*Conozco muchos Jajamim expertos en toda la Torá, Guemarot, Shulján Aruj, etc., pero se comportan con falta de fe*".

Quien quiera adquirir fe, debe trabajar en ella. Y no basta con "querer" tener fe; sino que debemos "trabajar" para tener fe.

Preguntó el Jazón Ish en una ocasión:

¿Cómo es posible llegar a una fe completa?

Contestó el mismo Jazón Ish: "Cualquier necesidad que se tenga, pídesela a Dios".

Si necesitas un par de zapatos nuevos, dile a Dios: "Ribonó Shel Olam (dueño del mundo): Mira mis zapatos rotos, por favor mándame dinero para comprarme unos nuevos". Y así para cualquier necesidad, por más mínima que ésta sea.

Con estos ejercicios, la persona se acostumbrará y sentirá que todo viene de Dios; sólo así es como se llega a una fe completa.

Trabajar para dar Tzedaká

Otra explicación sobre la pregunta que nos harán es la siguiente:

¿Qué tanto trabajamos para ganar dinero y dar *tzedaká*? No basta sólo con trabajar y obtener nuestro sustento, sino que también debemos trabajar para dar *tzedaká* a quien lo necesite.[45]

Cuando damos *tzedaká*, nos convertimos en socios de Dios.

El Rebe de Lubavitch nos enseña en sus escritos: "Quien cumple con sus deberes hacia los otros, está demostrando ser un buen administrador de los bienes que Dios le dio la posibilidad de obtener. Al hacer eso, es posible que le confíe bienes aún mayores".[46]

Vemos de estas increíbles palabras que mientras mejor administremos el dinero que Dios nos manda (es decir, repartiendo a los pobres, apoyando a quien lo necesite, etc.), Dios nos mandará más para seguir administrándolo conforme a Su voluntad.

---

[45] Likuté Halajot Halajot Bet Hakenéset 6, 24, 2.
[46] *Ezrá Lejaim pág 121.*

¿FIJASTE MOMENTOS PARA EL ESTUDIO DE TORÁ?

¿*KABATA ITIM LATORÁ*?

2. ¿Fijaste momentos para el estudio de Torá? *¿Kabata Itim Latorá?*

Fijar tiempos para estudiar Torá

Dice el Talmud[47] en nombre de Rabá: Una de las seis preguntas que le hacen a cada persona en el juicio final es "*¿Kabata itim Latorá*?". Esta pregunta tradicionalmente es traducida como "¿Fijaste momentos para el estudio de la Torá?". Rashí nos dice que debido a que el hombre requiere de trabajar para vivir, es necesario fijar momentos determinados cada día para la Torá, con el objetivo de evitar que las obligaciones cotidianas lo arrastren y le impidan dedicarse al estudio. Entonces, según Rashí, la pregunta sería ¿Separaste cada día de tu trabajo un tiempo para estudiar Torá?

El Maharshá (Polonia, XVI) comenta, prestando atención a la escritura en plural de la pregunta ("momentos"), que uno debe fijar "dos momentos" para el estudio de la Torá: por la mañana y por la noche. Así también lo determina Maimónides en su famoso libro *Mishné Torá*[48] donde dice que es obligación estudiar todos los días por la mañana y también por la noche, basándose en la interpretación

---

[47] Maséjet Shabat 31a.

[48] Halajot Talmud Torá 1:5

clásica rabínica del siguiente versículo "*Y meditarás en ella [la ley] de día y de noche*".[49]

Podemos preguntar: ¿Por qué existe una obligación de estudiar de día y de noche? ¡Podría ser suficiente una vez al día!

Contestó el Rab Aharon Kotler algo increíble.

Por cuanto que Dios es muy bueno, y bondadoso; y por cuanto que el estudio de la Torá es la fuente de bendiciones; por eso Dios nos obliga a estudiar de día y de noche, para que nosotros mismos seamos los beneficiados; ya que por el estudio de Torá uno tiene más bendiciones.

Estudiar bien, profundamente, aunque sea poca cantidad

Nuestros Sabios[50] deducen de la pregunta que nos harán: "¿fijaste tiempos para estudiar Torá?", no está escrito: ¿cuánta Torá estudiaste? Esto, para enseñarnos que no importa tanto la cantidad, como la calidad. Es decir, es preferible estudiar poca cantidad (no me refiero a poco tiempo), pero estudiar bien;[51] con concentración, sin interrupciones, llegando al fondo de

[49] Yehoshúa 1:8.

[50] Eliahu Rabá Oraj Jaim 1, 5.

[51] Así como está escrito referente a la Tefilá: "Es mejor rezar poca cantidad con concentración, que mucha cantidad sin concentración" (Shulján Aruj 1, 4).

cada parte de la Torá, repasando, escribiendo, analizando, etc.

Estudiar y enseñar

Cuando el Rambam menciona la *Mitzvá* de Talmud Torá, dice así: "Dios nos ordenó **estudiar** Torá y **enseñarla**, esto es llamado: Talmud Torá".[52]

Vemos de estas palabras, dice Rab Mijael Yehudá Lifkovich, que no basta con estudiar Torá para cumplir con esta *Mitzvá*, sino también es necesario enseñar Torá.[53]

¿Robaste momentos para estudiar Torá?

Otros traducen esta pregunta de una forma totalmente diferente: "¿Robaste momentos para la Torá?", no **fijar,** sino **robar.** Rabí Pinjas Haleví Horowitz (Frankfurt, XVIII) comenta al respecto: "Incluso, la persona que está sumamente atareada con sus negocios debe robarle algún tiempo a éste para estudiar Torá".[54]

La traducción del verbo *Likbóa* (usualmente utilizada como "fijar")[55] o como robar, aunque parezca extraña, tiene sus razones. La mayoría de los

---

[52] En su libro donde menciona todas las *Mitzvot*, *Mitzvá* 11.

[53] Imré Daat tomo 2 página 85.

[54] Shaaré Teshubá, Oraj Jaim, 156.

[55] Por ejemplo, al colocar la Mezuzá en nuestras puertas decimos: "Likbóa Mezuzá" (Fijar la Mezuzá).

sabios que cita esta traducción del pasaje del tratado de Shabat se basa en un versículo del libro de proverbios: "*Porque Dios juzgará la causa de ellos, y despojará (Kabá) el alma de aquellos que los despojaren (Kobehem)*".[56] Según el diccionario bíblico, *keba*, es un sinónimo de *guezel* (robar).[57]

En el Talmud también encontramos la siguiente expresión: "*K'baan Plani*", la cual es traducida por Rashí como: "*Fulano me robó*".[58] Vemos que una de las acepciones del verbo *Likboá* era robar, por lo cual aquella interpretación que nos invita a leer una de las preguntas del Juicio Final como: "¿Robaste momentos para el estudio de la Torá?".

Debemos tomar momentos para la Torá de la misma forma que debemos tomar momentos para el ejercicio físico, para la familia, para los amigos, para el trabajo espiritual. Uno también debe robar momentos de su día para estudiar Torá. Los sabios son conscientes de que llevamos una vida agitada, de nuestras responsabilidades laborales o de nuestra grilla de materias a cursar, sin embargo, nos instan a que

---

[56] Mishlé 22:23.

[57] La utilización de Likbóa como robar se encuentra también en otros versículos bíblicos como en Malaquías 3:8-9: "¿Robará (Hikvá) el hombre a Dios? Pues vosotros me habéis robado (Koveim). Y dijisteis: ¿En qué te hemos robado (Kevanujá)? En vuestros diezmos y ofrendas." El Metzudat David cita este versículo para apoyar la teoría esbozada por Rashí de que el versículo de Proverbios debe ser traducido como "robar" o "despojar".

[58] Maséjet Rosh Hashaná 26b.

debemos robarle algunos momentos a nuestra agenda para ocuparnos del estudio de la Torá.[59]

No interrumpas tu estudio de Torá

El Gaón de Vilna explica que esta pregunta se refiere a si interrumpimos nuestro estudio de Torá en temas vanos. Es decir, si queremos contestar correctamente a esta pregunta, debemos estudiar Torá sin ningún tipo de interrupción.

Así como escribe Rab Eliahu Lopián:[60] "Conozco muchos grandes Jajamim que tienen encima de su mesa una hoja que está escrita en ella: "Una disculpa, ahora no puedo interrumpir mi estudio", y la usan cuando alguien quiere interrumpirlo para algún tema que no sea de Torá o sumamente importante".

Cuidado con tu tiempo

Sobre esta pregunta que se nos hará a cada uno de nosotros: "¿Fijaste momentos para estudiar Torá?", mucha gente pretenderá contestar que no tuvo tiempo, ya que estaba muy ocupada en su familia, en su negocio, etc. Pero en el Cielo le mostrarán cuánto tiempo lo ocupó o perdió en jugar con su celular, en ver la televisión, etc.

---

[59] Likuté Moharán 284, 1.

[60] Leb Eliahu tomo 3, página 352.

Todo aquel que asiste a clases de Torá podrá tener una buena respuesta en el Juicio Celestial.

Pero... ¡yo no tenía capacidad para estudiar Torá!

Está escrito en los libros[61] que en una ocasión le preguntaron a un cazador de animales:

—¿Por qué no estudiaste Torá toda tu vida?

Contestó ese hombre:

—Ya que no tenía capacidad para estudiar Torá; no tenía la inteligencia para leer una *Guemará*, *halajot*, etc.

Le contestaron a este hombre con una pregunta:

—¿Y quién te dió la capacidad y la inteligencia de cazar?

De aquí podemos ver que todos tenemos inteligencia y capacidad de estudiar Torá; lo único que necesitamos es "voluntad".

No podemos vivir sin Torá

Leemos la Torá los lunes, jueves y sábados, porque de la misma forma que un hombre no puede pasar más de tres días sin beber agua y sobrevivir como pueblo,

---

[61] Taná Debé Eliahu. Lo menciona la *Guemará Metibta* sobre Maséjet Shabat 31a en *yalkut biurim*.

no podemos dejar de escuchar la Torá por tres días y sobrevivir.[62] Sin embargo, como individuos requerimos cada día una dosis de Torá; cada día dedicarle unos minutos, aunque sea al estudio de alguna historia bíblica, de algún pasaje talmúdico, de algún inciso de un código halájico, de alguna historia jasídica o de cualquier otro texto que nos desconecte de nuestra vida cotidiana y que nos conecte con Dios, con nosotros mismos y con los principios eternos de la Torá.

Con fijar horarios de estudio en la agenda no es suficiente, sino que debemos "robar" unos momentos para el estudio. No sólo se trata de fijar en nuestra agenda 5 o 10 minutos o media hora para estudiar Torá por día, sino que cuando ese momento llega, debemos "robar" a nuestras otras ocupaciones el tiempo y la energía para dedicarnos profundamente, en esos pocos minutos, a lo que estamos estudiando. Siempre habrá excusas: "no puedo", "no tengo tiempo", "estoy con la cabeza en otro lado". El ser humano es un ser de excusas, para encontrarlas somos expertos, pero los sabios nos dicen que no hay excusas válidas, ya que siempre debemos, cada día, robar algunos momentos para estudiar Torá.

[62] Maséjet Babá Kamá 82a.

La Torá es quien nos da la vida

El hermano del Maharal de Praga contó una historia preciosa con un mensaje fenomenal:

Había un violinista que era muy querido por el rey, y un día ese violinista hizo algo incorrecto contra el rey, lo cual merecía pena de muerte.

Cuando el rey se enteró de que el violinista fue quien pecó, lo quería matar, pero recordó que ese violinista le daba mucha satisfacción con su música, así que decidió perdonarlo.

Después de un tiempo el violinista tuvo un accidente en sus dedos y ya no podía tocar el violín, así que el rey decidió matarlo.

La gente estaba sorprendida por tal decisión, pues en ese momento el violinista no había hecho nada malo, sino únicamente años atrás.

Dijo el rey: Ese violinista tenía un decreto de muerte desde hace varios años, pero su música era lo que lo mantenía vivo. Ahora que ya no toca el violín, ese castigo que tenía pendiente, lo deberá recibir.

Lo mismo aplica para nosotros.

Tal vez tengamos algún decreto malo contra de nosotros, pero debemos saber que lo que nos mantiene vivos es la Torá, y que Dios disfruta cuando la estudiamos.

Estudiar con alegría y no por obligación

Si nos preguntamos, ¿cómo es posible llegar a ser alguien grande en Torá?, no hay duda de que la respuesta es "estudiando muchísima Torá durante decenas de años". Por tanto, lo más importante son esos pequeños momentos que tenemos y debemos aprovechar para nuestro estudio. Esto lo podemos ver con la siguiente historia:

Cuando el Gaón de Vilna era joven, tenía un compañero de estudio. Pasaron los años y este hombre no logró ser un gran erudito como el Gaón de Vilna, sino que se convirtió en una persona buena y sencilla, aunque con poca Torá.

Debemos analizar: Si el Gaón de Vilna estudiaba con él, seguramente era una persona dedicada y seria en su estudio, de lo contrario el Gaón de Vilna no habría estudiado tanto tiempo con él.

Si es así, ¿por qué ese hombre no llegó a una categoría tan grande como la del Gaón de Vilna? Esto se lo preguntó ese hombre al Gaón de Vilna después de muchos años, ya cuando el Gaón creció tanto en Torá y era reconocido en todo el mundo.

Le contestó el Gaón de Vilna con otra pregunta; ¿A qué hora llegabas tú a estudiar? Le contestó el hombre que llegaba a las nueve en punto y se iba a las nueve en punto. Jamás llegaba un minuto tarde ni se iba un minuto antes.

—¡Siempre cumplí con mis horarios! —Le dijo el hombre al Gaón de Vilna.

—Pero yo, —respondió el Gaón de Vilna—, llegaba cuarto para las nueve y me iba nueve y cuarto. ¡Esa es toda la diferencia!

Debemos entender que no es lógico que treinta minutos al día hayan significado un cambio tan grande entre ese hombre y el Gaón de Vilna.

Por tanto, la respuesta es: No son los treinta minutos la diferencia, sino el amor que se tiene por la Torá. El hecho de llegar a estudiar antes y salir después representa y manifiesta un amor y cariño a la Torá, donde ese valor le da la fuerza e impulso para llegar a ser un grande de Torá en el mundo entero.[63]

Debemos estudiar Torá por amor y no por obligación. Esa es la gran diferencia entre los que crecen o no en Torá, incluso si estudian el mismo tiempo.

El día más alegre del año

Dice el Talmud:[64] "Dijo Rabí Shimón ben Gamliel: No hubo días tan buenos para el pueblo de Israel como el 15 de Ab y el día de Kipur".

---

[63] Netibé Or Jaim Shel Torá 64.

[64] Maséjet Babá Batrá 121a.

Entendemos que Kipur, día en que se perdonan nuestros pecados y nos acercamos a Dios, es muy especial; pero el día 15 de Ab ¿qué tiene de especial?

El Talmud responde con las palabras de Rabá y Rab Yosef, que explican que ese día suspendían el trabajo de cortar leña. ¿Y eso qué tiene de especial? Dijo Rabenu Guershom: Por cuanto que todo el año, cuando cortaban leña no podían estudiar Torá, y ese día 15 de Ab suspendían ese trabajo y tenían la oportunidad de estudiarla, "el hecho de estudiar Torá era lo que provocaba que fuera el día más alegre del año", de la misma categoría que el día de Kipur.

La persona nació para esforzarse

Está escrito en el Tanaj: "*Adam Leamal Yulad*" – "La persona nació para esforzarse".[65] Sobre esto, dice el Talmud algo sorprendente: "Dijo Rabá: Todas las personas deben esforzarse en este mundo; bienaventurada la persona que su esfuerzo lo canaliza hacia la Torá".[66]

Explica el Staipler, Rab Yaacob Israel Kanievsky:[67] En Rosh Hashaná se le decretan a la persona ciertos kilos, por así llamarlos, de sufrimientos, esfuerzos, etc. Bienaventurada la persona que encamina esos esfuerzos en el estudio de la Torá. Sabemos que el

[65] Iyob 5, 7.
[66] Maséjet Sanhedrín 99b.
[67] Kariana Deigarta tomo II.

hecho de despertarse a estudiar Torá, o esforzarse en entender partes difíciles de la Torá, o dejar las actividades personales para estudiar Torá es un gran esfuerzo, ya que con eso disminuye la cantidad de sufrimientos y esfuerzos que tiene decretado. Seguramente preferimos encaminar esos esfuerzos y sufrimientos en el estudio de la Torá y no en enfermedades, dolores, choques, etc.

Estudiar en cada oportunidad que pueda

Debemos aprovechar cada oportunidad (cada segundo, cada minuto) que se tenga libre para estudiar Torá. Incluso si la persona tiene muy poco tiempo, que tomé un libro de Torá y que estudie, aunque sea unos cuantos renglones o algunas pocas palabras.[68]

De hecho, en la *Yeshivá* de Kelem había periodos de cinco minutos de estudio:

- Después de *Habdalá*.
- En Shabat, antes de Musaf.

Así como dice el Tehilim: "*Tov li Torát pija, mealfé zahav vajésef*" – "Es mejor para mí estudiar Torá, que todo el oro y la plata".[69]

---

[68] Testamento de Rab Alexander Zizkind.
[69] Tehilim 119, 72.

Explican los Jajamim las palabras de David *Hamélej*: Incluso estudiar una palabra de Torá, es mejor que mucho oro y plata.

No entender el estudio de la Torá y ser mayor de edad

Había una persona de treinta años de edad que jamás estudió Torá, quien tomó la decisión de comenzar una nueva vida estudiando unas cuantas palabras de Torá.

Comenzó a estudiar *Jumash* con el comentarista Rashí, y les pedía a sus familiares que le ayudaran a estudiar, ya que él no era capaz de hacerlo solo, y no le avergonzaba preguntar lo que sea, las veces que fueran necesarias.

Después de mucho esfuerzo y tiempo, logró ser un gran sabio en la Torá y experto en muchas *Guemarot*.

Debemos saber que todos somos capaces de adquirir conocimientos y cada uno de nosotros podemos llegar a ser grandes sabios en la Torá.

El famoso Rabí Akibá comenzó a estudiar a los 40 años de edad sin saber absolutamente nada, y llegó a ser de los Jajamim más grandes en el pueblo de Israel en toda la historia.

Leyes sobre el estudio de la Torá

- Después de ir al *Bet Hakenéset* y rezar Shajrit, se debe fijar un tiempo para estudiar Torá (esto para ir de una *mitzvá* a otra, por lo cual se comienza rezando y luego se estudia, ya que, si va a trabajar después de rezar, tal vez se le pase el tiempo y ya no estudie).[70] Y se deberá establecer un tiempo fijo para estudiar todos los días sin anular ese momento fijo de estudio. Incluso, que piense que podrá ganar mucho dinero en ese tiempo[71]. Aunque no sepa estudiar, deberá ir al *Bet Hamidrash* (donde se estudia Torá), ya que, por el simple hecho de ir, recibirá pago de Dios.[72]

- Todo Yehudí tiene la obligación de estudiar Torá, ya sea pobre o rico, persona íntegra y con comodidades, o persona con problemas y dificultades, sea joven o anciano. Incluso, personas pobres que piden dinero a la *Tzedaká* para vivir.

- La *Mitzvá* de estudiar Torá debería aplicarse todo el día.[73] Pero quien no tiene tal posibilidad de lograrlo debido a sus ocupaciones comerciales,

---

[70] *Mishná Berurá* 155, 2.

[71] Shulján Aruj 155, 1. Deberá confiar y creer que Hashem le pagará por eso y no perder, ya que todo está destinado por Dios (Aruj Hashulján 155, 1).

[72] Ramá 155, 1.

[73] *Mishná Berurá* 155, 4.

deberá fijar un tiempo en el la mañana y un tiempo en la noche para estudiarla.[74] Y no basta con estudiar únicamente *Guemará*, sino también deberá estudiar *Halajot* (leyes judías).

- Es muy recomendable estudiar *Mishnayot* todos los días, ya que eso es muy bueno para corregir cualquier pecado que se haya hecho sobre temas sexuales, ya que las *Mishnayot* tienen la fuerza de luchar contra el *yétzer hará*.[75]

- Además de estudiar *Guemará*, *Halajot* y *Mishnayot*, deberá fijar un tiempo para estudiar *Musar* (ética judía), que son formas de mejorar la conducta, comportamiento, etc., ya que estudiar Torá, *Halajot*, *Guemará* sin estudiar *Musar*, provoca orgullo y presunción.[76]

- El Ben Ish Jay dice que para responder positivamente a la pregunta que nos harán sobre si fijamos TIEMPOS para estudiar Torá, es necesario hacerse un tiempo para estudiar *Jumash*, tiempo para estudiar *Mishná*, tiempo para estudiar *Guemará*.[77]

- Es una *Mitzvá* de la Torá que toda persona estudie Torá según sus posibilidades, ya que por medio

[74] Rambam Halajot Talmud Torá 1, 8. Shulján Aruj 246, 1.
[75] Caf Hajaim 155, 12.
[76] Jidá, en Maarejet T.
[77] Ben Yehoyadá dibur hamatjil "ubeofen".

del estudio podrá llegar a cumplir otras *Mitzvot* y aprender a cuidarse para no hacer pecados, tal como dice la *Guemará*:[78] "Es muy importante el estudio, ya que lo lleva a la práctica". Por eso es preferible estudiar temas que sean aplicables y frecuentes a nuestros días, por ejemplo, leyes de *Shabat*, leyes de las *Berajot*, leyes de la *Tefilá*, etc.

- Quien realmente no pueda estudiar por motivos válidos, ya sea por sus ocupaciones y porque no sabe estudiar, que done dinero a las *Yeshivot* y lugares de estudio, ya que se considera como si él mismo hubiera estudiado, tal como pasó con Isajar y Zebulún: Zebulún se dedicaba al comercio y apoyaba a Isajar para que pudiera estudiar Torá; incluso cuando Moshé bendijo los bendijo a ambos, comenzó primero con Zebulún y luego con Isajar. Personas que donan, incluso mucho dinero para que otros estudien, él mismo también debe estudiar Torá y no está exento de eso.

- La persona debe estudiar Torá hasta el día de su muerte.

- Lo principal del estudio de la Torá no es leer sin entender, sino profundizar. No basta con entender las palabras, sino llegar a lo más profundo posible.

- La *Mitzvá* de estudiar Torá se debe cumplir de día y de noche, y no sólo durante el día o durante la

[78] Maséjet Kidushín 40.

noche, sino en el día y en la noche. Dicen los Jajamim que principalmente en las noches se adquiere la Torá, por eso es importante dedicar todas las noches a estudiar, sin pasar ninguna noche sin hacerlo.[79]

- Quien enseña Torá y cobra por eso, deberá agregar un tiempo personal fijo de día y de noche para estudiarla sin recibir nada, ya que ese tiempo que estudia cobrando los Jajamim lo consideran como dudoso, ya que, aunque se está cumpliendo la *mitzvá* de estudiar de día y de noche, es mejor hacerse un tiempo extra para estudiar sin cobrar nada.[80]

- Antes de estudiar Torá es muy recomendable dar tres monedas de *tzedaká* y hacer *tefilá* para que no nos equivoquemos en nuestro estudio.[81]

- Debemos cuidarnos mucho de no interrumpir nuestro estudio de Torá. De hecho, hay gente que hace ayuno de palabra (no hablan nada más que Torá mientras estudian, para no interrumpir absolutamente nada con otros temas).

- El hecho de enseñar a Torá a otros es un gran mérito y su pago será muy grande.

---

[79] Rambam Halajot Talmud Torá 3, 13.
[80] Ver Shaaré Teshubá 155, 1. Caf Hajaim 155, 4.
[81] Caf Hajaim 155, 8.

- El estudio de la Torá pesa más que todas las *Mitzvot* de la Torá. Aun así, lo principal es el cumplimiento más que el estudio. Es decir, la finalidad del estudio es para cumplir lo que se estudia. Según esto, si tenemos una *Mitzvá* por cumplir y tenemos la oportunidad de estudiar Torá, debemos estudiarla a menos que sea una *Mitzvá* que pasará su tiempo para cumplirla o no se podrá hacer por medio de otra persona. Por ejemplo, la *Mitzvá* de Lulab la debemos cumplir y no debemos estudiar Torá en ese momento.

- Las mujeres están exentas de la *Mitzvá* de estudiar Torá, pero sí deben estudiar las leyes que les conciernen, por ejemplo, *Nidá* (pureza familiar), la cocina *kasher* (carne y leche, cocción por medio del gentil, etc.), leyes de *Shabat*, leyes de *Berajot*, etc. Por eso ellas deben bendecir en las mañanas la *Berajá* de *Birkot Hatorá*, ya que están obligadas a estudiar sus *Halajot*.

- La mujer que induce a sus hijos y a su marido a estudiar Torá, tendrá un pago muy grande.

- Es una gran *Mitzvá* enseñar Torá a nuestros hijos.

- Es una obligación que en cada ciudad haya maestros de Torá para los niños, ya que, del estudio de los niños, el mundo se mantiene. Por eso es necesario que cada padre de familia mande a sus hijos a estudiar Torá a partir de los seis o siete años, dependiendo la capacidad del niño.

- No debemos interrumpir el estudio de los niños, incluso para la construcción del *Bet Hamikdash*. En otras palabras, si llega Eliahu *Hanabí* y anuncia que se construirá el *Bet Hamikdash* y se necesita de la ayuda de niños, y ellos están estudiando Torá, no se les deberá interrumpir.
- Hay muchos lugares donde se estudia *Kabalá*. Nuestros *Jajamim* dicen que no se debe estudiar *Kabalá* sino hasta después de muchos años de estudio de *Guemará*, *Halajot*, ética judía, etc. Asimismo, después de haber adquirido santidad y pureza, etc.

¿TE OCUPASTE EN TENER HIJOS?

¿ASAKTA BEPIRIÁ BERIBIÁ?

3. ¿Te ocupaste en tener hijos? ¿Asakta bepiriá beribiá?

Fructifíquense y multiplíquense

Después de que Dios creó todo el Universo, creó también a los primeros seres humanos, que fueron Adam y Javá. Está escrito en la Torá que Dios habló con ellos y les indicó: "*Fructificad y multiplicáos, y llenad las aguas en los mares, y multiplíquense las aves sobre la tierra*".[82]

Luego de que cesó el diluvio, Dios bendijo a Nóaj de la siguiente manera: "*Bendijo Dios a Nóaj y a sus hijos, y les dijo: Fructificad y multiplicáos, y llenad la tierra*".[83]

La voluntad de Dios es que poblemos la tierra, así como escribe el Profeta: "*Porque así dijo Dios, Creador de los cielos; Él es Dios, el que formó la tierra, el que la hizo y la compuso. No la creó en vano, sino para que fuese habitada la creó*".[84]

Cuando el Pueblo de Israel fue exilado de la Tierra de Israel a Babel, se acercó a ellos el Profeta Irmiyahu y dijo: "*Cásense y engendren hijos e hijas; den mujeres a sus hijos y den maridos a sus hijas para que*

---

[82] *Bereshit* 1:28.
[83] *Bereshit* 9:1.
[84] *Yeshayahu* 45:18.

tengan hijos e hijas. Y multiplíquense ahí, y no se disminuyan"[85].

De aquí que en la Torá se halle la *mitzvá* de casarse y tener descendencia. Como vemos en tantos lugares del *Tanaj*, **Dios se preocupa por tener su mundo habitado.**

Nos cuenta la *Guemará*[86] que Jizkiyahu no quería casarse y tener descendencia, pues había visto por *rúaj hakódesh* -inspiración divina-, que sus descendientes iban a ser gente malvada. Pero el Profeta Yeshayahu le dijo, en nombre de Dios, "*...morirás y no vivirás*", es decir, que moriría en este mundo y no viviría en el Mundo Venidero.

Preguntó Jizkiyahu a Yeshayahu:

— ¿Cuál es la causa de un castigo tan grande?

Le contestó el Profeta:

—Debido a que no te ocupaste de la *mitzvá* de fructificarte.

—Pero vi por *rúaj hakódesh* que tendría descendencia malvada —dijo Jizkiyahu.

Contestó Yeshayahu:

---

[85] *Irmeyahu* 29:6.

[86] *Maséjet Berajot* 10a.

—Eso no importa. Tú debes hacer lo que la Torá te ordena, que es fructificar, sin ver lo que vaya a pasar en un futuro.

Dice la *Guemará*: "Todo aquel que no se ocupa en fructificarse, se considera como un asesino"[87]. La explicación es: por cuanto que no quiere tener descendencia, está frenando la continuación del Pueblo de Israel en el mundo y eso va contra la Voluntad de Dios.

Enseñarles Torá a los hijos

El padre está obligado a enseñar Torá al hijo, así como está escrito: "*Y enseñarán (las palabras de Torá) a sus hijos*".[88]

Nos dice el ***Midrash***:[89] Señaló **Rab Yosi ben Akibá**: Desde que el hijo comienza a hablar, el padre le debe enseñar Torá, y si no le enseña Torá, se considera como que lo está enterrando; pero si le enseña Torá, alargará sus días. Así como está escrito "*Y enseñarás a tus hijos*",[90] y más adelante está escrito: "*Para que se alarguen los días de sus vidas*".[91]

---

[87] *Maséjet Yebamot* 63.
[88] *Debarim* 11, 19.
[89] Sifrí en *Debarim Piská* 46, lo menciona Rashí en *Debarim* 11, 19; *Maséjet Sucá* 42a; *Maséjet Kidushin* 29b.
[90] *Debarim* 11, 19.
[91] *Debarim* 11, 21.

El motivo de la *Mitzvá* de fructificarse, nos explica el *Jinuj*,[92] que Dios quiere que el mundo esté habitado para que todo el mundo pueda cumplir *Mitzvot*, ya que el mundo fue entregado al hombre y no a los ángeles.

Está escrito en el libro **Pelé Yoetz**: "Lo principal de la *Mitzvá* de "Fructificarse y multiplicarse" es, estudiar Torá y descubrir secretos de la Torá y crear alumnos que estudien Torá para que alumbren al mundo con sus conocimientos".[93]

La Torá exige a cada padre de familia enseñar Torá a sus hijos. Cuando el niño aprende a hablar, el padre está obligado a enseñarle el versículo: "*Torá tzivá lanu Moshé...*". Y conforme va creciendo el niño, el padre debe enseñarle partes de la Torá, según su nivel.

Si el niño no quiere estudiar, el padre debe convencerlo de hacerlo. Pero es importante recalcar que siempre se debe convencer al hijo de la mejor manera, es decir, con alegría, al grado de que el niño lo haga con gusto. De lo contrario, si se le obliga, —sin gusto y por obligación— el niño odiará llevar a cabo tal *Mitzvá*.

Asimismo, el padre debe enseñarle a su hijo a decir las *Berajot*, el *Birkat Hamazón*, contestar *Amén*, etc.

---

[92] *Mitzvá* 1.

[93] *Péle Yoetz* en el tema: Piriá Beribiá.

Las buenas acciones son los hijos

El Ben Ish Jay explica algo hermoso sobre la pregunta que nos harán: "¿Te ocupaste en tener hijos?".

El Ben Ish Jay destaca que no nos van a preguntar: "¿Tuviste hijos?". Si no, nos van a preguntar si nos ocupamos en tener hijos. ¿Qué diferencia hay?

La Torá nos dice al principio de Perashat Nóaj: "*Éstas son las generaciones de Nóaj, quien era un hombre justo*".[94] La pregunta es: ¿Por qué no están escritos los nombres de los hijos de Nóaj, inmediatamente después de decir: "*Éstas son las generaciones de Nóaj*"? El versículo dice que: "*Era un hombre justo*".

Explica Rashí, que las generaciones de la persona son los buenos actos y las acciones que se dejan en este mundo. Las generaciones principales que dejará la persona son sus actos, sus acciones, sus hechos, etc.

Dice el Ben Ish Jay: Lo que nos van a preguntar es: "¿Te ocupaste (en estudiar Torá, para) tener hijos (dejar buenas acciones y actos en esta vida)?".

Los alumnos son los hijos

Está escrito en la Torá (lo decimos en el *Kriat Shemá* todos los días): "*Veshinantam lebaneja, vedibartá*

[94] Bereshit 6, 9.

bam", "y las repetirás a tus hijos (las palabras de Torá) y comentarás en ellas".[95]

Explica Rashí en nombre del Sifrí: No basta con enseñarle Torá a los hijos, sino también a los alumnos, ya que en muchos lugares de la Torá los hijos son llamados "alumnos".

Vemos de estas palabras que los alumnos son como hijos y los hijos son como alumnos. Según esto, la pregunta que nos harán: ¿Te ocupaste en tener hijos? se refiere también a dejar alumnos en esta vida.

Y si respondemos: ¡Yo no soy maestro! ¡No tengo la capacidad de enseñar! Debemos saber que cada uno de nosotros somos maestros, ya sea queriendo o sin querer; con intención o sin intención.

Con nuestro ejemplo enseñamos mucho. No tenemos idea de cuánto instruimos a quienes nos rodean con nuestra conducta.

Leyes sobre fructifíquense y multiplíquense[96]

Cada hombre tiene la obligación de casarse para fructificarse y multiplicarse. Y se considera como una *mitzvá* muy grande, ya que de eso depende la continuidad del mundo.

---

[95] Debarim 43, 6.

[96] Parte de estas Halajot están tomadas del Yalkut Yosef Eben Haézer 1.

La mujer está exenta de la *mitzvá* de fructificarse y multiplicarse, pero el hombre necesita de ella para cumplir con tal *mitzvá.* Así que ella deberá casarse y ayudar a cumplir esta *mitzvá.*

Hoy en día no existen personas que únicamente deban dedicarse al estudio de la Torá y que no deban casarse. Incluso, personas muy preparadas en Torá y que quieran vivir toda su vida para el estudio de la Torá, se deberán casar.

Para cumplir la *mitzvá* de fructificarse y multiplicarse, es necesario tener como mínimo un hijo hombre y una hija mujer.

Aunque tenga varias mujeres y ningún hombre, no cumple con la *mitzvá.* En caso contrario, si tiene muchos hijos hombres y ninguna hija mujer, no cumple con esta *mitzvá*, sino hasta que tenga mínimo un hombre y una mujer.

¿ANHELABAS LA REDENCIÓN?

¿TZIPITA LIYESHUÁ?

4. ¿Anhelabas la redención? *¿Tzipita liyeshuá?*

Anticipar al Mashíaj[97]

Nuestros Sabios enseñan que, al pasar a mejor vida, a cada uno de nosotros se le planteará la pregunta: ¿Anhelabas la Redención?

Seremos juzgados conforme a si anhelábamos o no el advenimiento del Mashíaj. Cuando recitamos la *Berajá* de la *Amidá*: "*Et tzemaj David abdejá…*", se nos recuerda la obligación de creer en la Redención y anticiparla. De hecho, el Arizal comenta que cuando la persona recita las palabras del final de la Berajá: "*Ki lishuatejá kivinu kol hayom…*", "porque ansiamos Tu salvación todos los días…", debe tener en cuenta cumplir la *mitzvá* de esperar al Mashíaj. Por supuesto que no se cumple esta *mitzvá* si honestamente no se siente ese anhelo y se abrigan esperanzas y aspiraciones de ver un mundo redimido bajo el liderato del rey mesiánico.

Grandes sabios de Israel han anticipado la llegada del Mashíaj en términos muy reales y genuinos. Cuando Rab Leví Itzjak de Barditchov envió invitaciones para la boda de su hija, estipuló en éstas que la boda tendría lugar en Motzaé Shabat *Najamú,*

---

[97] Rab Eli Mansour en su libro "La Amidá", páginas 282 a 293.

en la reedificada ciudad de Yerushalaim. Y añadió entre paréntesis que, si Dios nos libre, si el Mashíaj no hubiese arribado antes de tal fecha, entonces la boda tendría lugar en el salón de fiestas de la ciudad de Barditchov. Él verdaderamente creía con fe completa que el Mashíaj podía arribar en cualquier momento, y verdaderamente ansiaba que lo hiciera, por lo que planeó hacer el matrimonio de su hija no en su poblado de Europa, sino en la reedificada ciudad de Yerushalaim.

El Jafetz Jaim era famoso por, entre otras cosas, anticipar la llegada del Mashíaj. Él era Cohen, y por lo tanto se sentía obligado a prepararse para realizar las funciones sacerdotales que se la asignaban a los Cohanim en el *Bet Hamikdash*. Así, por ejemplo, siempre que viajaba en un carruaje le decía al conductor que empezara a rodar, y luego corría y saltaba al mismo. Él explicó que adoptaba esa práctica debido al comentario de la *Guemará* que dice: "*Cohanim zerizim*", los Cohanim realizaban sus labores en el *Bet Hamikdash* con energía y vigor. Para entrenarse para el servicio sacerdotal, el Jafetz Jaim se ejercitaba en ser energético para poder efectuar el trabajo o servicio en el *Bet Hamikdash* de manera óptima cuando el *Bet Hamikdash* fuese reedificado. Éste es el mensaje de: "¿Anhelabas la Redención? ¿*Tzipita Liyeshuá*?", anticipar el arribo del Mashíaj como un evento real que podía ocurrir en cualquier momento.

Existen diferentes razones de por qué la gente anhela la llegada del Mashíaj: Muchos ansían la Redención porque están plagados de dificultades personales como deudas y enfermedades, y se dan cuenta de que el advenimiento del Mashíaj anunciaría la resolución de esos y otros espinosos retos que la gente confronta en su vida.

Otros podrían ansiar la Redención porque anhelan volver ver a sus seres queridos que pasaron a mejor vida, con quienes serán reunidos en el tiempo de la resurrección.

Pero la razón primordial por la que debemos rezar y anhelar la Redención es, por así decirlo: "En aras de la salvación de Dios". Mientras el Pueblo de Israel continúe en el exilio, la *Shejiná* -la presencia divina de Dios-, también está, por así decirlo, en exilio. El honor de Dios ha sido socavado y sólo será restaurado con la redención de Israel. Ello debería ser la motivación primordial de rezar por el Mashíaj.

El final de los días[98]

El pueblo judío cree en lo que se denomina "el final de los días", lo cual no se refiere al final del mundo, sino simplemente al final de la historia tal como la conocemos. Después del final de los días, el mundo

---

[98] https://www.aishlatino.com

continuará siendo como es ahora, con la gran excepción de que habrá paz mundial.

Al acercarse el final de los días, hay dos caminos que el mundo puede tomar: El primero está lleno de bondad y milagros, donde el Mashíaj "recibe el dominio, el honor y el reinado; todos los pueblos y las naciones de todos los idiomas van a servirle. Su dominio es un dominio eterno que jamás caducará y su reinado nunca será destruido".[99] Este escenario puede llegar en cualquier momento, ¡sólo tenemos que hacer lo correcto!

El otro camino se describe con la imagen del Mashíaj llegando "humilde y montando un burro".[100] En este escenario, la naturaleza seguirá su curso y la sociedad atravesará un lento y doloroso deterioro, con mucho sufrimiento. La presencia de Dios estará oculta y Su guía no se percibirá.

De acuerdo con este segundo camino, habrá una sociedad carente de valores en la que la religión no sólo será criticada, sino que se la utilizará para promover inmoralidad. Los jóvenes no respetarán a los mayores y los gobernantes serán ateos. Es por esto que el Midrash dice: "Un tercio de los sufrimientos del

---

[99] Daniel 7:14.
[100] Zacarías 9:9.

mundo vendrán en la generación previa al Mashíaj".[101]

De acuerdo con el Talmud, al aproximarse la Era Mesiánica, el mundo experimentará gran dolor y agitación: grandes fluctuaciones económicas, rebelión social y una desesperanza generalizada. La culminación será una guerra mundial de inmensas proporciones liderada por el Rey Gog, de la tierra de Magog. Ésta será una guerra como jamás se vio antes; será la guerra suprema del bien contra el mal, en la que el mal será completamente eliminado.[102]

¿Cuál es la naturaleza de esta guerra catastrófica? Las fuentes judías tradicionales declaran que las naciones del mundo vendrán en contra de los judíos y de Jerusalem. Las Cruzadas, los pogromos y el terrorismo árabe no serán nada en comparación a lo que vendrá. Eventualmente, cuando todo el polvo se asiente, los judíos serán derrotados y encadenados. La Torá será proclamada una falsedad.

Entonces, justo cuando pensemos que la historia terminó, llegará el Mashíaj y liderará la redención judía. Él inspirará a los pueblos a seguir a Dios, reconstruirá el *Bet Hamikdash*, reunirá en Israel a todos los judíos que queden exiliados y restablecerá el

---

[101] Rav Aryeh Kaplan, Handbook of Jewish Thought.

[102] Ezequiel capítulos 38, 39; Zacarías 21:2, 14:23; Talmud Sucá 52, Sanedrín 97, Sotá 49.

Sanhedrín (Tribunal de Sabios, supremo y religioso).[103]

En muchos aspectos, el mundo es un lugar deprimente, pero la vida es como la medicina: imagina una persona que tiene una seria enfermedad interna. Tomar la medicación correcta desintoxicará su cuerpo, enviando todas las impurezas a la superficie de la piel. Puede que el paciente parezca mortalmente enfermo, completamente cubierto de ampollas, pero en realidad esas ampollas superficiales son una señal positiva de una sanación interna.

La clave es mantener la esperanza en la Redención.

Rav Ezriel Tauber, un exitoso empresario y erudito de Torá que vive en Nueva York, es un sobreviviente de los campos de concentración. Rav Tauber dice que logró sobrevivir a los campos de concentración porque todos los días su padre lo alentaba y le decía: "No desesperes hijo, porque la Redención puede llegar en cualquier momento".

La Torá nos da esperanzas para el futuro. Maimónides dice que el judío debe ansiar cada día la llegada del Mashíaj, no para que los judíos gobiernen el mundo ni para que sean exaltados entre las naciones. Tampoco para comer, beber y disfrutar. Anhelamos la llegada del Mashíaj para tener tiempo

[103] Maimónides, Melajim capítulos 11-12.

de dedicarnos a la sabiduría de la Torá sin que nada moleste esa búsqueda.

El mensaje debería ser claro: Mantente enfocado en la Torá, porque ésa es la voz de la razón en nuestro mundo de locura. Si vivimos con este entendimiento, entonces la Torá nos promete que la resolución final será más rápida e indolora. Por lo menos, vivir con este entendimiento nos mantendrá entre quienes conservaron su cordura en este mundo de tanta confusión.

De hecho, el mundo necesita desesperadamente la redención mesiánica. La guerra y la contaminación amenazan nuestro planeta; el ego y la confusión erosionan la vida familiar. La medida en que seamos conscientes de los problemas de la sociedad será la medida en que deseemos la Redención. Como dice el Talmud: una de las primeras preguntas que se le hace al judío en el Día del Juicio es: ¿Anhelaste la llegada del Mashíaj?[104]

¿Cómo podemos acelerar la llegada del Mashíaj? La mejor manera es amar generosamente a toda la humanidad, respetar las *mitzvot* de la Torá (lo mejor que podamos), y alentar a otros a hacerlo.

A pesar de la tristeza, el mundo parece encaminado a la Redención. Una de las señales más obvias es que el pueblo judío volvió a la Tierra de Israel y la hizo

---

[104] Maséjet Shabat 31a.

florecer nuevamente. Además, hay en marcha un inmenso movimiento de jóvenes judíos que retornan a la tradición de la Torá.

El Mashíaj puede llegar en cualquier momento; todo depende de nuestras acciones. Dios está listo cuando nosotros lo estemos. Como dice el Rey David: *"La Redención llegará hoy, si escuchas Su voz*".

Incluso, dicen nuestros Jajamim[105] que la persona que realmente espera la Redención y la salvación final, no se dedica a realizar trabajos o proyectos a largo plazo, ya que en cualquier momento podrá llegar el Mashíaj (me imagino que son pocas las personas que viven con esa ideología, —aunque deberíamos vivir así—).

¿De dónde aprendemos que nos harán esta pregunta?

Preguntan nuestros Jajamim:[106] ¿De qué parte de la Torá (del *Jumash*) aprendemos que en el Juicio Celestial nos harán esta pregunta: ¿Anhelabas la Redención? *¿Tzipita Liyeshuá?*

La respuesta es: del primer versículo de los Diez Mandamientos, que es: "*Anojí Hashem Elokeja, asher otzetija meeretz Mitzraim*", Yo soy Dios tu Dios, que te saqué de la tierra de Egipto". ¿Qué relación tiene?

---

[105] Péle Yoetz: "Gueulá".

[106] Smak, *Mitzvá* 1.

Ya que existe una *Mitzvá* de creer en que Dios es Uno y Él fue quien nos salvó de Egipto, así mismo debemos pensar que Dios nos mandará la Redención final.

¿Qué significa anhelar?

"¿Anhelaste la Redención?". ¿Qué significa anhelar?

Es como cuando le hacen una biopsia a un paciente y éste tiene que esperar tres días para recibir los resultados y saber si el crecimiento es benigno o no. ¡Cómo espera! ¡Esos tres días son eternos! Y el tercer día, cada vez que suena el teléfono, hay mucha ansiedad. ¿Será finalmente ésa la llamada que estaba esperando?

¿Esperaste la Salvación?

Otra manera de entender esta pregunta que nos harán: "*¿Tzipita Liyeshuá?* — Durante tu vida, ¿esperaste que llegara la Salvación?". En el curso de nuestras dificultades en la tierra se espera que siempre nos mantengamos optimistas esperando la intervención Divina. Debemos vivir nuestra vida con una esperanza constante, o de lo contrario seremos considerados culpables en el momento de nuestro juicio final.

Los sabios se preguntan: Si ésta es una obligación tan seria que debemos cumplir, ¿cuál es su fuente en la

Torá? ¿De dónde aprendemos que nuestra creencia en Dios debe estar ligada con la creencia en Su constante cuidado providencial?

Rav Itzjak ben Rav Yosef (Baal Hajotem, de Corbeil, Francia, un importante comentarista del siglo XIII conocido como el SMAK), responde que está implícito en el primer mandamiento, y es una derivación obvia de sus palabras. "*Yo soy el Eterno, tú Dios, quien te sacó de la tierra de Egipto*" - esto no debe entenderse como una simple afirmación de la relevancia de nuestro pasado.

Ésta es la base que debe servir como la fuente de nuestra aceptación y relación con Dios. El mandamiento exige que comprendamos que tal como Dios nos salvó hace mucho tiempo atrás, Él continúa estando a nuestro lado como nuestro Salvador y Redentor, siempre presente.

La pregunta a la cual deberemos responder afirmativamente después de morir, respecto a si siempre confiamos en la presencia de Dios y Su promesa de ayudarnos, no es nada menos que preguntarnos si realmente creímos en el Dios de nuestros antepasados, el Dios que fue, es e hizo un pacto con nosotros para el futuro.[107]

---

[107] Extraído de la Hagadá de Rav Blech, *Redemption, Then and Now*.

Rab Jaim Margolis,[108] escribe que en la *berajá* de la Amidá de: "*Et tzemaj David abdejá...*", la persona debe pensar en lo que le preguntarán cuando comparezca delante del Tribunal Celestial al abandonar este mundo: "¿Añoraste la Redención?".

Por eso hay que añorarla cuando se dicen estas palabras, para que pueda responder de manera afirmativa.

También cita las palabras de Rab Yaacob Tzémaj:[109] "*También tengo presente, cuando digo esta frase, que estoy rezando para que Dios nos salve de los problemas que ocurren a diario y constantemente, y noté durante épocas difíciles, que es de mucho beneficio hacerlo*".

Una vida de añoranza[110]

Ir más allá del cinismo para poder esperar la llegada del Mashíaj implica entender que el juego tiene un plan. La vida no es dar vuelta a las hojas del calendario eternamente, emerger de la nada y retornar directamente a más nada.

Hubo un comienzo (el éxodo de Egipto) y habrá un final, un momento en el cual reclamaremos la relación de amor que comenzó allí. Durante la larga parte

---

[108] Shaaré Teshubá Simán 118.

[109] Destacado cabalista en su época, siglo XVII.

[110] https://www.aishlatino.com/h/9av/a/Prisioneros-de-la-esperanza-Porque-guardamos-duelo-en-Tisha-BeAv.html

intermedia de esta historia, nos aferramos a la visión que tuvimos en el Sinaí, nos aferramos a ella para poder seguir viviendo. Una vez experimentamos ese amor y lo añoraremos eternamente.

Esto se parece a lo ocurrido con la esposa de un famoso refusenik, a quien le permitieron salir de la ex Unión Soviética años antes que a su marido. Durante esos años no hubo ni un día en el cual ella no se dedicara a intentar conseguir que su esposo fuera liberado. Ella vivía en el mundo libre, y sin duda durante esos años comió y durmió; tal vez ocasionalmente fue de compras, pero toda su existencia estaba definida por su añoranza de reunirse con su esposo.

—Yo te extrañé tanto. ¿Acaso tú me extrañaste? ¿Aguardaste cada día mi retorno?

Dice el Talmud que después de morir nos preguntarán: "*¿Tzipita Liyeshuá*?" – "¿Ansiaste la Redención?".

Dios nos dirá: "Yo te extrañé tanto. ¿Acaso tú me extrañaste? ¿Aguardaste cada día Mi retorno? ¿Agonizaste por Mi ausencia?".

Y en proporción directa con nuestra añoranza, experimentaremos la alegría de la reconexión. Si no nos importa que Tú estés allí y nosotros estemos aquí, traicionamos la intimidad de nuestra experiencia en el Sinaí.

Sí, tenemos vidas que vivir, trabajos que efectuar y, por supuesto, vivimos nuestras vidas con alegría. Pero a través de todo, el judío nunca olvida que hay algo que falta. Incluso en una boda, instantes antes de comenzar a cantar y bailar, rompemos un vaso de vidrio para recordar que, aunque esa boda es un destello feliz de la unidad del futuro, siempre habrá un rincón en nuestro corazón que se niega a reconciliarse con Tu ausencia. Una parte de nuestro ser siempre te añora.[111]

¿Qué tanto confías en Dios?

Algunos Jajamim[112] explican que la pregunta: ¿Anhelabas la Redención?, significa: ¿Qué tan seguro y tranquilo estabas tú de que Dios siempre te protegía, te cuidaba, que todo lo que mandaba era para tu bien, que los golpes que te dio en la vida eran justos, ya sea para perdonar pecados o para limpiar tu alma?

El hecho de confiar en Dios y estar seguro de que todo lo que recibimos es mandado por Dios y para nuestro bien, manifiesta en cada momento que Dios nos protege.

Así como explicó Rab Nosson Meir Wachtfogel, el pasado supervisor espiritual de la Yeshibá de Lakewood:

---

[111] *Este artículo apareció originalmente en el "Jerusalem Post".*

[112] Beer Maim Jaim en Bemidbar 16, 1, 5.

—¿Qué tanto confiamos en que Hashem nos iba a mandar la solución a nuestros problemas en este mundo?[113]

Hasta donde llega el Bitajón

Cuentan una historia con el Rab de Brisk, que vivía con una seguridad y fe en Hashem fuera de este mundo.

Él acostumbraba dormir, sin nada de comida en su casa, para trabajar en la cualidad de Bitajón en Hashem, y pensar que él y su familia, no tienen nada para vivir al otro día, más que la confianza en Hashem. Cuando terminaba de cenar, acostumbraba a deshacerse de cualquier comida que le haya sobrado, para no tener nada en su casa y vivir con esa fe en Hashem.

---

[113] Kobetz Sijot 1, 57.

¿INTENTASTE ADQUIRIR SABIDURÍA Y ENTENDIMIENTO?

¿PILPALTA BEJOJMÁ?

5. ¿Intentaste adquirir sabiduría y entendimiento? *¿Pilpalta bejojmá?*

Estudiar Torá con profundidad

Los Jajamim explican que esta pregunta que nos harán se refiere a si estudiamos *Guemará*, es decir, el Talmud, cuyo estudio profundo analiza las *Mishnayot* y *Baraitot*, y por medio de preguntas y respuestas se llega a conclusiones claras y leyes para la vida.

Otra explicación es: El hecho de estudiar Torá todos los días es para conocer la profundidad y secretos escondidos de la *Torá Kedoshá*.

Hoy en día la mayoría de las personas que estudian Torá reconocen que no lo hacen con el mayor esfuerzo.[114] Por eso debemos esforzarnos más en su estudio, ya sea en aumentar tiempo, mejor calidad, mayor profundidad, etc.

Estudiar poco con mucha profundidad, o estudiar mucho con poca profundidad

En el Talmud[115] se analiza un tema muy interesante: ¿Qué es mejor: estudiar poco con mucha profundidad, o estudiar mucho con poca profundidad? Por supuesto que estamos hablando que en ambos casos la persona

[114] Orjot Tzadikim 27, Shaar Hatorá.
[115] Maséjet Horayot 14a.

debe estudiar bien, con concentración, sin perder tiempo, etc. Sólo que la pregunta es: ¿Es mejor abarcar poco pero muy profundo? o ¿Abarcar mucho, pero no tan profundo?

Después de que el Talmud lo analiza, llega a la conclusión de que es mejor abarcar mucho, pero no tan profundo...

Ahora, la pregunta es: ¿Por qué nos preguntarán en el Juicio Celestial: "¿Intentaste adquirir sabiduría y entendimiento?", lo cual se refiere al estudio profundo, si vemos que el Talmud (que mencionamos) nos dice que es mejor abarca mucho, pero no tan profundo?

Realmente no hay ninguna contradicción. Realmente quien estudia más profundo, con mayor entendimiento, recibirá más pago, ya que su esfuerzo fue mayor. Y la pregunta que nos harán será ¿Cuánto nos esforzamos para estudiar Torá?

Quien tenga capacidad de estudiar con mucha profundidad, deberá explotar su capacidad a lo máximo.[116]

---

[116] Beer Shaba sobre Maséjet Horayot 14a.

El pueblo de Israel es capaz de cambiar su *Mazal*

Está escrito en el Talmud: "La vida (los años de vida, la salud, calidad de vida), los hijos (cantidad de hijos, su éxito) y el sustento (bendición material), no dependen de los actos de la persona, sino de su suerte (*mazal*)".[117] Es decir, depende de la suerte con la cual haya nacido que así será su vida.

Como lo vemos en una historia del Talmud, que Rabí Eleazar ben Pedat tenía muy mala suerte, a tal grado, que le preguntó a Dios:

—¿Hasta cuándo tendré tan mala suerte?

Y Dios le contestó:

—Podría destruir el mundo, volverlo a crear y tal vez nazcas con buena suerte.[118]

Vemos que el éxito material, la vida de la persona, sus hijos, etc., no dependen de las buenas acciones, sino de la suerte que haya recibido al nacer.[119]

---

[117] Maséjet Moed Katán 28a.

[118] Maséjet Taanit 25a.

[119] Aunque hay muchos lugares en la Torá (Vehayá im shamoa tishmeú..., im bejukotay teleju..., etc.) y en el Talmud, donde sí se adjudica una buena vida, buen sustento, hijos, etc., por sus acciones y no por su suerte (mazal), hay diferentes maneras de contestar a esa aparente contradicción.

Pero nuestros Jajamim nos sugieren una manera en que podemos cambiar y mejorar el mazal, la suerte que tenemos.

Dice el Talmud: "*En Mazal LeIsrael*", es decir, el pueblo de Israel es capaz de cambiar su Mazal –su destino–.[120]

La pregunta es: ¿De qué manera? ¿Cómo podemos cambiar ese destino que Dios ya decretó sobre nosotros?

"Por medio del estudio con profundidad".[121] Cuando se estudia con profundidad, concentración y tratando de entender cada palabra hasta llegar al fondo de la Torá, tenemos esa fuerza de cambiar nuestro destino.

Antes y después que fue entregada la Torá

Nos cuenta la Torá que cuando Moshé Rabenu iba a partir el mar, tuvo fricciones y discusiones con el mar para que se partiera, ya que el mar sostenía que era más viejo que Moshé Rabenu y por ello no lo iba a obedecer.

Moshé Rabenu tuvo que usar el contacto que tenía con Dios, y Dios tuvo que hacer que el mar se abra.

---

[120] Maséjet Shabat 156.
[121] Pri Megadim Oraj Jaim 47.

Por otro lado, cuenta el Talmud[122] que Rabí Pinjás Ben Yair tenía que cruzar un río para salvar a una persona que estaba en cautiverio, y cuando llegó a la orilla, le pidió al río que se partiera para que él pudiera pasar. El río no quiso partirse hasta que Rabí Pinejás ben Yair se lo ordenó, ya que, si no lo hacía, le iba a decretar sobre él que nunca volviera a tener agua. Inmediatamente el río se partió y pasó Rabí Pinejás ben Yair. Después de que él pasó, el río se cerró y le volvió a ordenar que se abriera de nuevo, para que pasara también una persona que lo estaba acompañando, y así fue. Después de que pasó este hombre, Rabí Pinejás ben Yair volvió a decirle al río que se parta, para que pase otro hombre que lo estaba acompañando, y el río se volvió a partir.

La pregunta que todos nos hacemos es: Moshé Rabenu, con toda su categoría y su profecía ¿no pudo abrir el mar por sí mismo, y Rabí Pinjás Ben Yair pudo hacerlo tan rápido, e incluso hasta tres veces?

Contesta el famoso comentarista Or Hajaim: La diferencia es que Moshé Rabenu no había recibido la Torá, y sin ella es muy difícil hacer este tipo de milagros, pero en el tiempo de Rabí Pinjás Ben Yair ya se había recibido la Torá, y él era un ejemplo de lo que era dedicarse a su estudio tan profunda y arduamente.

---

[122] Julín 7a.

Dice el Or Hajaim que cuando uno estudia y se dedica al estudio de la Torá, tiene la fuerza de la naturaleza en sus manos y es capaz, de cambiarla, ya que tiene la fuerza de gobernar en el mundo, incluso, partir el mar.[123]

¿Sabías que no es lo mismo estudiar 100 veces que 101 veces?

Cuentan que cuando el Gaón de Vilna era pequeño estudiaba con un niño de su edad, que era más inteligente que él en la escuela; pero cuando crecieron, este niño creció mucho en Torá, pero no al nivel del Gaón de Vilna.

Su amigo de la infancia preguntó al Gaón de Vilna cómo pudo llegar al nivel que tenía, y él no pudo llegar a ese nivel. El Gaón de Vilna respondió de la siguiente manera:

—"Hay una parte en la *Guemará* que dice: '*No es lo mismo quien estudia 100 veces, que quien estudia 101 veces'*,[124] *¿tú crees en eso que dice la Guemará*?

El amigo le contestó que por supuesto que creía en eso. El Gaón de Vilna le dijo:

—"Yo creí en esa *Guemará* y quise comprobarlo por cuenta propia si era verdad."[125]

---

[123] Shemot 14, 27.
[124] Jaguigá 9.

Dios sólo nos pide que nos esforcemos

Un estudiante de *Yeshibá*, fue una vez con el Jafetz Jaim y le abrió su corazón:

—"¡Año tras año me siento y estudio, pero no llego a ninguna parte con mis estudios! ¡Después de todo este tiempo, me cuesta comprender apropiadamente una página del Talmud!".

El Jafetz Jaim contestó:

—"Dios no nos ordenó que fuéramos genios. Él sólo nos ordenó que nos esforzáramos en el estudio de Su sagrada Torá, lleguemos o no alguna vez a ser grandes estudiosos.

Conocer a Dios

Hay otra explicación sobre la pregunta que nos harán en el Juicio Celestial: "¿Intentaste adquirir sabiduría y entendimiento? *¿Pilpalta bejojmá*?".

Dice el Rambam[126] que esta pregunta se refiere a si llegamos a conocer a Dios en este mundo o no, que se considera como una *Mitzvá* de la Torá.[127]

¿Cómo es posible llegar a conocer a Dios?

---

[125] Mejudadim Bepija 71.

[126] Moré Nebujim 3, 54.

[127] Se aprende del versículo: "*Veyadatá hayom vaashebota el lebabeja*" (Debarim 4, 39).

Debemos saber que incluso en los momentos de oscuridad —cuando la presencia de Dios está oculta— Él sigue ahí, orquestando los eventos tras bambalinas, moviendo las fichas para llevar a cabo su cometido. El hombre hace planes y Dios se ríe de ellos.

He aquí siete formas para conectarte con Dios sin importar quién seas:[128]

1. Ve la mano de Dios en tu vida

Todos hemos vivido momentos de coincidencias inesperadas, como cuando perder un avión causó que conocieras a tu pareja. No tienen que ser necesariamente cosas dramáticas; incluso encontrar un lugar para estacionar en Nueva York (o en cualquier otro lugar) puede ser un momento para sentir la presencia de Dios. Dado que Dios es Uno, nada ocurre por accidente; remueve el velo de la naturaleza que enmascara Su presencia y encontrarás a Dios detrás de la cortina. Mantén tus ojos abiertos y pídeles a tus familiares y amigos que compartan sus mejores historias de providencia Divina contigo.

2. Ten una conversación íntima con Dios

Imagina una pareja casada que vive bajo el mismo techo, pero que marido y mujer nunca hablan realmente el uno con el otro. Desafortunadamente esto ocurre en muchos hogares. Y desafortunadamente esta

[128] www.aishlatino.com

fría indiferencia puede describir la relación de muchas personas con Dios. ¿Cuándo fue la última vez que tuviste una verdadera conversación íntima con Dios? No solamente recitar las palabras del libro de rezos, sino acceder a tu núcleo más interno y compartir tus preocupaciones, miedos y agradecimientos más profundos. Inténtalo y ve si te sientes más conectado con Dios después de eso.

3. Encuentra belleza

Observa el maravilloso mundo que te rodea. ¿Cuándo fue la última vez que contemplaste un impresionante atardecer o amanecer, que lloraste escuchando una canción, que quedaste maravillado ante la reacción de uno de tus increíbles hijos? ¿Viste las increíbles fotografías de las Cataratas del Niágara congeladas? El mundo es un reflejo de la infinita perfección de Dios, y Sus huellas impregnan el universo.[129]

4. Estudia la sabiduría de la Torá

Imagina que consigues los diarios personales de Einstein en donde él expone toda la sabiduría que adquirió en su vida. Los devorarías para obtener un vistazo de su gran conocimiento y sentir una conexión mucho más profunda con el hombre. Imagina conseguir los diarios personales de Dios. La Torá es el

---

[129] Ver Rambam Yesodé Hatorá.

plano de la creación. Es el manual de instrucciones de Dios que contiene todos los secretos del universo, incluyendo sabiduría sobre el matrimonio, la educación de los hijos, cómo ser bueno y cómo vivir una vida con sentido. Cuando estudiamos Torá, estamos conectándonos directamente con Dios, entendiendo la profundidad de Su sabiduría y aprendiendo a pensar como Él.[130]

5. Aprecia los regalos que Él te ha dado

¿Qué es más probable: que tú expreses un genuino aprecio por la cena que preparó tu esposa (o tu madre) o que un invitado lo haga? ¿Cuántas cenas recibió el invitado? ¿Cuántas cenas has recibido tú? Cuando somos receptores de tanta bendición constante en nuestra vida, la terrible ironía es que comenzamos a darla por sentado. No lo hagas. La apreciación es la base de una relación amorosa, y esto es cierto tanto con tus padres y tu pareja como con Dios. No seas ingrato. ¿Quién te dio tus ojos? ¿Tu audición? ¿Tu café caliente hoy en la mañana? Reconecta todos los maravillosos regalos que has recibido en tu vida con el máximo Dador y siente el amor que eso genera.

6. Confía en Él

Las personas que más amas son las personas en quienes más confías, y viceversa. Piensa en algo que

---

[130] Sifrí en Perashat Vaetjanán.

te preocupa, que te genera temor y angustia —ya sea presiones financieras o los resultados de un examen médico— y deja ir el temor y confía en Dios. "*Arroja tu carga sobre Dios y él te sostendrá*".[131] Trata de sentir que Dios está detrás de ti. Él está consciente de tu dificultad. Él tiene el poder para ayudarte y quiere ayudarte. Nada es demasiado grande o demasiado pequeño para Él. Así que deja de preocuparte; todo estará bien. Dios no te abandonó; Él está aquí tomándote de la mano.

7. Haz una *mitzvá*

Probablemente la forma más directa de conectarse con Dios es hacer una *mitzvá*: dar *tzedaká*, visitar a un enfermo, recitar el *Shemá*, respetar Shabat. La palabra *mitzvá* viene de la palabra *tzavtá*, que significa 'cariño'. Cuando hacemos una *mitzvá*, un 'mandamiento', estamos realizando con mente, cuerpo y alma *ratzón Hashem*, la 'voluntad de Dios', asemejándonos de esta manera a Dios y acercándonos a Él. Dado que Dios no es físico, la cercanía se mide espiritualmente. Mientras más nos parecemos a Él por medio de alinear nuestra voluntad a Su voluntad, más cercanos estamos a Él.

---

[131] Tehilim, Salmos, 55:22.

¿ANALIZASTE UNA COSA DENTRO DE OTRA?

¿HEBANTA DABAR MITOJ DABAR?

6. ¿Analizaste una cosa dentro de otra? ¿Hebanta dabar mitoj dabar?

¿Qué significa "analizar una cosa dentro de otra"?

Hasta ahora, las preguntas que nos harán en el Juicio Celestial —que hemos estudiado en el libro— son lógicas. ¿Trabajamos con fe y honradez?, ¿Estudiamos Torá?, ¿Dejamos hijos en el mundo? Pero esta sexta pregunta, si analizamos una cosa dentro de la otra, ¿qué significa?, ¿Cuál es la explicación a esta pregunta que nos harán? Debemos entenderla bien, ya que será parte del examen final de nuestra vida.

Dicen nuestros Jajamim que, en cualquier situación, lugar, contexto, etc., que se nos presente una dificultad, debemos aprender algo de eso que sucedió. Debemos tratar de entender algo dentro de ese algo para llegar a alguna enseñanza especial.[132]

Ejemplos de "analizar una cosa dentro de otra"

Por ejemplo, al final de la Perashá Itró, está escrito: "No ascenderás en gradas (escalones) a mi Altar, para que no se descubra tu desnudez sobre él".[133]

---

[132] Rab Baruj Rosenbloom.
[133] Shemot 20, 23.

Explica Rashí: "Cuando construyas una rampa para el Altar, no la hagas con gradas ascendentes (escalones), sino que deberá ser lisa e inclinada. Pues a causa de los escalones, te será necesario ampliar tus pasos. Y a pesar de que esto realmente no implica un descubrimiento de la desnudez (las piernas de los Cohanim), puesto que (con respecto a las vestiduras de los Cohanim) se declara: "*Harás para ellos pantalones de lino*", de todas maneras, el hecho de ampliar los pasos, se acerca al descubrimiento de la desnudez, y con ello se trata a las piedras del altar con falta de respeto. Ahora bien, estas palabras implican un *kal vajomer* (con mayor razón): "Si con respecto a estas piedras que no poseen conciencia para preocuparse por sus sentimientos, la Torá dijo que, puesto que son útiles, no deberás conducirte hacia ellas con falta de respeto. Y si con respecto a tu prójimo, que fue creado a semejanza de Su creador y se preocupa por sus sentimientos, con mucha mayor razón deberás tratarlo con sumo respeto.

De aquí podemos aprender que, así como la Torá nos prohíbe mostrar parte de la desnudez hacia las piedras, —esto, para darle un respeto especial, incluso que no sienten nada—, con mayor razón debemos respetar y honrar a las personas que sí tienen sentimientos, y además tienen una *neshamá* que es parte de Dios.

Este es un ejemplo de entender una cosa dentro de otra cosa. No podemos sólo pensar que el Altar debía ser así y que no tiene que ver nada con nosotros. Sino al contrario, debemos aprender de ese caso y de lo que nos sucede en la vida para aplicarlo en nuestro día a día.

Otro de los ejemplos muy conocidos es el siguiente:

Está escrito en el Talmud:[134] "Si tomaste agua de un pozo, no le tiras una piedra". ¿Cuál es el motivo? Por "*hakarat hatob*", no debemos ser mal agradecidos. Si solamente tomamos esa parte del Talmud, únicamente de un pozo que tomamos agua de él no le debemos aventar piedras, pero sí le podríamos aventar tierra o alguna otra cosa. Sin embargo, la Torá nos dice que debemos "entender una cosa dentro de otra cosa", es decir, tomar ese ejemplo para aplicarlo en otras partes de nuestras vidas, como lo podemos ver con Moshé Rabenu:

Cuando fueron las plagas en Egipto, está escrito en la Torá que Moshé Rabenu no le pegó al agua para que se convirtiera en sangre, sino que tuvo que hacerlo Dios, ya que Moshé Rabenu les tenía un agradecimiento especial a las aguas, ya que éstas lo habían salvado en el río Nilo cuando estaba dentro de una pequeña canasta y no se hundió.

Moshé Rabenu sabía entender una cosa dentro de otra. Conocía el concepto de "*hakarat hatob*", ser agradecido incluso con las cosas materiales, tomando el ejemplo del pozo. Con mayor razón, debemos ser

---

[134] Maséjet Babá Kamá 92b.

agradecidos con las personas que nos hicieron algún favor.

Otro ejemplo es: ¿Cuál es el motivo por el cual debemos tapar el pan cuando hacemos *Kidush* en *Shabat*? Dicen nuestros Sabios: "para que el pan no se avergüence".

Haremos dos preguntas para entender esto:

1. ¿Por qué se va a avergonzar?

2. ¿Desde cuándo las cosas materiales (como el pan), que no tienen sentimientos, se avergüenzan?

La ley judía marca que de las diferentes *Berajot* (sobre las comidas y bebidas) que existen, debemos decirlas en un orden específico. El orden es: *Hamotzí, mezonot, haguéfen, haetz, haadamá, sheakol.* Pero en Shabat, por algunos motivos, es necesario decir primero *haguéfen* (para hacer el *Kidush*) y después se dice la *berajá* de *hamotzí.*

Según esto, el pan, cuya *berajá* (de *hamotzí)* siempre se dice antes que *haguéfen*, se avergüenza en esta ocasión en que se dice después.

La segunda pregunta es: ¿Desde cuándo las cosas materiales (como el pan), que no tienen sentimientos, se avergüenzan? ¿Cuándo hemos visto que el pan se ponga rojo de vergüenza?

Ahora, si debemos "entender y analizar una cosa dentro de la otra", explica Rab Moshe Fainshtein: Realmente el pan no se avergüenza, ya que las cosas materiales no tienen sentimientos, pero igual debemos tapar el pan para que NOSOTROS aprendamos a no avergonzar, incluso a algo material, como lo es un pan. Si nosotros aprendemos de no hacer sentir mal a un pan, con mayor razón nos cuidaremos de no hacer sentir mal a las personas.

Otra perspectiva de las preguntas que nos harán

Estudiar las seis secciones del Talmud

El Gaón de Vilna explica que cada una de las preguntas que hemos mencionado corresponde a un Séder (tomo, sección) del *Shas* (de la *Guemará*). Es decir, en el Juicio Celestial nos preguntarán si estudiamos cada uno de los tomos del *Shas*. Cada pregunta corresponde a uno de los tomos.[135]

1. ¿Fuiste honesto en tus negocios? Se refiere al tomo de ZERAIM, que habla de temas de plantío, cosecha, etc., que era el negocio principal en los tiempos bíblicos.

2. ¿Fijaste un tiempo para estudiar Torá diariamente? Se refiere al tomo de MOED. Ya que habla de tiempos, fiestas, horarios, etc.

3. ¿Te ocupaste en tener hijos? Se refiere al tomo de NASHIM, que habla sobre el matrimonio, tener hijos, etc.

4. ¿Anhelabas la Redención? Se refiere al tomo de NEZIKIM, que trata sobre temas de salvaciones (*yeshuot*), pérdidas, ganancias, etc.

---

[135] Kol Elihau, dibur hamatjil: "amar".

5. ¿Intentaste adquirir sabiduría y entendimiento? Se refiere al tomo de KODASHIM, que fue llamado Jojmá (sabiduría).

6. ¿Analizaste una cosa dentro de otra (relacionado a la Torá)? Se refiere al tomo de TAHAROT, que fue llamado como Daat (conocimientos).

TEMER A DIOS
IRAT SHAMAIM

Temer a Dios (*Irat Shamaim*)

Sin Irat Shamaim no hay nada

Como mencionamos en la introducción, asumamos que respondemos que "sí" a todas las preguntas que nos harán en el Juicio Celestial, pero hay una pregunta más: ¿Tuviste temor a Dios? Si no, dice el Talmud: Mejor que no hubieras hecho nada de lo anterior, ya que el temor a Dios es el factor decisivo.

Para entenderlo mejor, debemos hacernos varias preguntas: ¿Qué es *Irat Shamaim*?, ¿Qué tan importante es el *Irat Shamaim*, que incluso aunque hayamos tenido fe en Dios, hayamos estudiado Torá, etc., lo que decide es el temor a D-os, *Irat Shamaim*?, ¿Cómo podemos adquirir Irat Shamaim?

La base de todo es el temerle a Dios

La traducción literal de "*irat shamaim*", es: "Temor al Cielo (de Dios)".

El temor a Dios es la base de todo. El temor a Dios se puede comparar a una cadena de joyas, que cada piedra y piedra, es parte de nuestra vida, y la cadena, es el temor a Dios; si no hay cadena, todas las joyas y piedras valiosas, no tienen donde mantenerse ni sostenerse. Incluso que ya esté el temor a Dios sosteniendo a todas esas piedras, si esa cadena se abre o se rompe un poco, esas joyas caerán al suelo.

La explicación es por cuanto que, si una persona tiene de base el temor a Dios, siempre lo va a tener presente, y cualquier prueba que le llegue, va a saber que es de Dios, y va a pasar esa prueba. Pero si no se tiene temor a Dios, aunque la persona siempre se comporte bien, y sea muy cuidadosa en comportarse bien, no podemos asegurar que pasará las pruebas que le mande Dios, ya que, en cualquier momento, puede explotar, y desesperarse de la situación.[136]

Según esto, podemos entender bien lo que pregunta el Tashbetz:[137] ¿Quién es una persona que es digno y propicio para llamarle "*talmid jajam*" (un sabio de la Torá)?

Y él contesta: "Si se comporta mal y no tiene *irat shamaim*, no es digno para respetarlo y honrarlo como un *talmid jajam*. Si tiene buenas cualidades, se comporta bien ante la gente y tiene *irat shamaim*, es digo para llamarle *talmid jajam*".

Ahora podemos entender: Incluso que se llegue a tener mucha fe en Dios, incluso que hayamos estudiado mucha Torá, hayamos tenido hijos, etc., si no tenemos presente a Dios en nuestras vidas, no sirve de nada lo que hacemos.

---

136 Introducción del libro Orjot Tzadikim.
137 Shut Tashbetz 1, 146.

Así como escribe el Talmud: "Dijo Rab Huná: Todo aquel que se ocupa únicamente en la Torá es como quien no tiene Dios",[138] explican los Jajamim que la persona que únicamente se ocupa de estudiar Halajot y no pone atención en corregir sus actos, en tener presente a Dios en su vida día a día, y arreglar sus malas conductas, se considera como si no tuviera un Dios.[139]

Tipos de temor a Dios

El temor a Dios no es una cosa pequeña, ya que del temor que se le tenga a Dios depende mucho de nuestras vidas, ya sea en este mundo y en el Mundo Venidero.[140]

Debemos saber que existen dos tipos de temor a Dios:

Irá Jitzoná

Éste es el temor que se le tiene a Dios por los castigos y sanciones ya sea en este mundo o en el Mundo Venidero. Realmente el castigo que uno puede tener en el Mundo Venidero es tremendo. Mencionan los Jajamim: Si la persona tiene sufrimientos en su vida como los sufrimientos de Iyob,[141] no son ni como

---

[138] *Maséjet Abodá Zará* 17b.

[139] *Tob Halebanon*; lo menciona el libro *Jobot Halebabot*, *Jelek* 1, en la introducción, pág. 47.

[140] Pele Yoetz tema Irá, Habait Hayeudí *Jelek* 6 hoja 55 – 56.

[141] Tuvo sufrimientos tremendos en este mundo.

una gota de mar a comparación del sufrimiento del día de la muerte. Y todo el sufrimiento del día de la muerte no se compara ni a una gota de los sufrimientos en el Mundo Venidero.

Por eso es muy necesario tener en mente el pago y el castigo que se puede tener por hacer cualquier acto. No podemos pensar que Dios deja pasar las cosas, ya que Dios sabe todo lo que pasa y no cede fácil.

Así como menciona el Reshit Jojmá: A la persona lo juzgan en el Cielo mucho más preciso de como la persona puede pensar, y Dios juzga por todo y cada detalle que uno hace.

Irat Haromemut

Dice el comentarista Seforno sobre el versículo: "*Y ahora Israel, Dios te pide solamente que le temas a Dios...*"[142], ya que sólo al ver Su grandeza, automáticamente le debemos de temer por Su honor. Éste es el segundo tipo de temor: el temor a Dios enfocado a Su grandeza y Su honor.

Si reflexionamos un poco y vemos la grandeza de Dios, todas Sus creaciones, Su inteligencia, y todos los mundos que Él creó, es suficiente para sentirnos NADA y temerle, no por lo que nos pueda hacer (algún castigo, por ejemplo), sino por Su grandeza y el honor que se merece. Este tipo de temor es mucho más

---

142 Debarim 10, 12.

elevado al primero que mencionamos, y es mucho más difícil de conseguir.

Unas de las 613 *Mitzvot* es temerle a Dios. Cada momento en que la persona recuerda que le teme a Dios, cumple con una *Mitzvá* de la Torá, la cual es una de las pocas en que la persona no puede decir "No pude cumplir con esta *Mitzvá* ya que estuve ocupado, o no tenía las herramientas suficientes", por cuanto que esta *Mitzvá* se cumple únicamente con el pensamiento y la puede cumplir ya sea en el camino, en el trabajo, acostado o en cualquier lugar.

Quien realmente tiene este tipo de temor a Dios –*Irat Haromemut*—, siempre debe temer que, si alguna vez hace algo en contra de Dios, Él va a sufrir porque uno de Sus hijos no está cumpliendo con Su voluntad, y en esos momentos Dios llora. Asimismo, si alguien ve a otro Yehudí que no se está comportando según la voluntad de Dios, ¡cuánto debemos de llorar y sentirnos mal por hecho que Dios sufre![143]

Sentir a Dios y saber que nos vigila

El Ramá (Rab Moshe Iserlish), al principio del Shulján Aruj escribe: "*Shiviti Hashem lenegdí tamid*", "Siempre es encuentra Dios enfrente de mí".

Es una muy buena costumbre que en todo momento repitamos la frase: "*Shiviti Hashem lenegdí tamid*" –

---

[143] Yesod Veshoresh Ahabodá.

Siempre es encuentra Dios enfrente de mí—, ya que el Arí *z'l* escribe: "Mencionar e imaginarse esta frase es *Segulá* para tener temor a Dios".[144]

Cuenta el Talmud que Rabí Yojanán ben Zakai les dijo a sus alumnos, cuando se reunieron a su alrededor para pedirle una bendición antes de su muerte, lo siguiente: "Que sea la voluntad de Dios que le tengan tanto temor como el temor que sienten hacia otra persona."[145]

Inmediatamente los alumnos le preguntan:

—¡Rab!, ¿nada más?, ¿Es lo único que nos va decir y bendecir?

A lo que Rabi Yojanán respondió:

—"¡Ojalá!, pues sepan que cuando una persona comete una falta, siempre dice: "Ojalá que no me vea ninguna persona". Por eso deseo que sientan el mismo temor pensando que Dios está frente a ustedes, y sepan que cuando uno va a cometer una falta o un pecado, teme que lo vea la gente y no teme que lo vea Dios.

Hay un cuento que pasó con el Jafetz Jaim, quien viajaba en un carruaje. En el transcurso, el conductor vio una montaña de paja al costado del camino y observando que no había nadie en los alrededores

[144] Péle Yoetz.

[145] Berajot 28b.

detuvo el carro para robar la montaña de paja y dársela de comer después a sus caballos.

Cuando se agachó a recoger la paja, el Jafetz Jaim gritó: ¡Te están viendo! y el hombre asustado volvió corriendo al lado del carro. Se tranquilizó y volvió a estar seguro de que no hubiera nadie cerca e intentó de nuevo recoger la paja. Otra vez el Jafetz Jaim gritó: ¡Te están observando! Y nuevamente el hombre regresó a su coche sin tiempo de agarrar la paja.

En el camino, el cochero preguntó al Jafetz Jaim, cómo sabía que lo estaban viendo, porque él no llegó a ver a nadie. El Jafetz Jaim le explicó que su intención era advertirle que del Cielo lo estaban observando.

Uno de los fundamentos más importantes del temor a Dios, es el siguiente:

"Que la persona no haga algo, incluso ocultamente, que no haría al descubierto".[146]

¿Cómo le llamó Dios a Abraham?

David *Hamélej* le pidió a Dios que le dijera cuál era el camino para adquirir el Mundo Venidero, a lo que Dios le contestó: "Si quieres adquirir el Mundo Venidero, adquiere temor a Dios y obtendrás lo que estás buscando".

---

[146] Bené Binyamín.

Conocemos todas las virtudes y favores que hizo Abraham *Abinu* ayudando a todos, acercando a la gente al camino de Dios, entregando su vida para cumplir con la voluntad de Dios, etc. y de la única manera en que Dios lo alabó, fue con las palabras: "*Atá yadati, ki yeré Elokim atá*" –Ahora supe que tú eres un hombre temeroso de Dios.

Uno de los puntos que más le interesan y más valora Dios, como lo vemos con Abraham Abinu, es que siempre sentía la Presencia Divina frente a él, por lo cual temía no cumplirle al Patrón del mundo.

¿Es tan fácil temerle a Dios?

Dice la Torá: "*Umá Hashem Elokeja shoel meimaj, ki im leirá*" –Y ahora Israel, que Dios solamente pide que Le temas.[147]

De lo que nos dice la Torá: "Sólo que le temas a Dios", y con ello se entiende que es algo sencillo de cumplir, pero realmente es muy difícil.

El Talmud hace esta pregunta, y dice así:[148] "Dijo Rabí Janiná, en nombre de Rabí Simón bar Yojay: Dios tiene en su bodega tesoros de temor a Dios, así como está escrito: "*Irat Hashem es Su tesoro*",[149] se entiende que no es fácil adquirir el temer a Dios, ya

---

[147] Debarim 10, 12.
[148] Berajot 33b.
[149] Yeshayá 33, 6.

que es como un gran tesoro, y normalmente éste es resguardado con mucha protección.

Contesta el Talmud que para Moshé Rabenu era algo sencillo y pequeño mostrar temor a Dios.

Le dijo Moshé Rabenu al pueblo de Israel: "Yo soy de carne y hueso como ustedes, y al principio para mí era muy difícil llegar a sentir temor a Dios, pero ahora que lo conseguí, lo veo como algo fácil, y tengo la fuerza para no caer en cualquier pecado. Igualmente ustedes, cuando lleguen a ese grado de temor a Dios, -que no va a ser fácil– verán que fácil será".

Así como cuentan del Rab Mibrisk, que es sabido que la familia y toda la descendencia Brisk vivía con un temor a Dios enorme. Dicen que alguna vez le dijeron que con tanto temor a Dios que tenía, no iba a recibir pago por abstenerse de hacer algún pecado. Pero él les contestó que el pago lo tendría por llegar a esa categoría de tener y adquirir temor a Dios.

No debemos ser tan exactos…

Toda persona debe tener temor

Nos dicen nuestros Jajamim que no es posible vivir sin temor.

Por eso, cuando la persona no le tiene temor a Dios, tendrá temor a otras cosas.[150]

Cómo transmitir temor a Dios a nuestros hijos

Si queremos que nuestros hijos, descendencia y alumnos, vivan con el temor a Dios del cual estamos hablando, ¿qué debemos hacer?, ¿Cómo podemos transmitirles estas enseñanzas? Esto lo podemos contestar de una historia que pasó con el Staipeler, Rab Yaakob Kanievsky, el padre de Rab Jaim z'l.

Una vez le preguntaron algo sobre la educación de los hijos y la manera de educarlos y él contestó: "Yo sólo sé una cosa: es necesario poseer temor a Dios más que todos los diálogos, consejos y charlas que se puedan tener con los hijos o los alumnos, ya que los hijos se fijan en cómo el padre dice una Berajá, cómo se dirige a los Jajamim, cómo le da el respeto a Dios..., al ver el ejemplo de los padres y el temor a Dios que Le tienen, vale mucho más que todo lo que se les pueda explicar a ellos".

¿Cómo logro adquirir el temor a Dios?

Llevar a cabo los siguientes 10 puntos pueden ayudar a la persona a vivir con temor a Dios y sentir Su presencia en todo momento:[151]

---

150 Likuté Moharan.

1. Frecuentar el *Bet Hakenéset.*
2. Perseguir la paz.
3. Pararse delante de un anciano.
4. Dar *Maaser* (diezmo).
5. Estudiar Torá todos los días.
6. Ser humilde.
7. Tener en casa libros de Torá.
8. Pensar cuando come en Shabat, que es en honor a Shabat.
9. Ser más callado/a.
10. Rezar por cosas espirituales (no sólo pedir cosas materiales).

Le pedimos a Dios que nos ayude a temerle para que no sólo lleguemos a la categoría de tener temor del castigo, sino temor al honor de Dios, que es el temor más querido por Él, Amén.

---

[151] Yalkut Yosef 1,96.

¿TE OCUPASTE EN TORÁ Y GUEMILUT JASADIM?

1. ¿Te ocupaste en Torá y *Guemilut Jasadim* (hacer favores a los demás)?

La grandeza de la generosidad

Si una de las preguntas que nos harán en el Juicio Celestial al partir de este mundo será: ¿Te ocupaste en hacer Guemilut Jasadim? (que podemos traducir como "actos de bondad"). Debemos entender de qué se trata este concepto y cómo podemos llegar a responder afirmativamente:

Está escrito en el Pirké Abot: "El mundo descansa sobre tres pilares: la Torá, el trabajo y Guemilut Jasadim".[152]

La virtud de la generosidad es tan grande a los ojos de Hashem, que es capaz de elevar a la persona muy alto en este mundo y en el Mundo Venidero, ya que cuando la persona se comporta con generosidad, es querido por la gente. Y la persona que es querida por la gente, es querida por Hashem, como dice el Pirké Abot: "Todo aquel que es querido por las personas, es querido por Hashem".[153]

"No hay nada en el mundo para conseguir el afecto de la gente como la generosidad".

[152] Pirké Abot 1, 2.
[153] Pirké Abot 3, 10.

Existen principalmente tres categorías en la virtud de la generosidad, que son:

1. Con el dinero.
2. Con acciones físicas.
3. Con el intelecto.

La persona que es generosa se da a respetar, y algo que gana en este mundo es que cuando él necesite de algo, cualquiera estará dispuesto a ayudarle, ya que él siempre ayudó a toda persona. Con mayor razón, ganará mucho en el Mundo Venidero.

Cuentan que el Jafetz Jaim había recibido a un hombre a cenar y dormir en su casa. Después de que el Rab le había dado de comer y de beber, le preparó la cama y se acostó unos momentos para percibir si la cama era cómoda o no.

¡Así se comportaba el Jafetz Jaim! ¡Pensaba en el compañero para que durmiera cómodo!

Existen varias categorías de la generosidad:

1. Con el dinero – Tzedaká[154]

Cuando se da Tzedaká (caridad), ese dinero se queda para la eternidad, y es guardada en un tesoro que no se pierde con el paso del tiempo. Así como dijo David

---

[154] El tema de *Tzedaká* se expondrá en un capítulo posterior de manera más detallada.

Hamélej: "*Pizer natán laebionim, tzidkató omedet laad*" ("El que generosamente reparte a los pobres, su caridad perdurará para siempre").[155]

Cuando la persona es generosa se enriquece, así como está escrito: "*Yesh mefazer venosaf od*" ("Hay quienes reparten y, sin embargo, acumulan más").[156] Puede parecer ilógico, ya que la persona que está repartiendo está descontando de su capital, pero esto no se maneja así en los caminos de Hashem, ya que cuando la persona reparte del dinero que tiene, Hashem le manda más de lo que repartió.

Sobre esto dice el Midrash: "Dijo Rabi Abahú: Si ves a un hombre que derrocha su dinero entre los pobres, debes saber que éste recibirá mucho más, ya que, por el mérito de dar, Dios le mandará más".[157]

Asimismo, cuando la persona da Tzedaká no conocerá la escasez, así como está escrito: "*Notén larash en majsor*" ("El que da al pobre no conocerá la escasez").[158]

Sobre esto dice el Midrash: "Dijo Rabí Akibá: A todo aquel que da Tzedaká al pobre, nunca le faltará nada". No debemos privarnos de siempre dar. Si en la mañana llegó un pobre y le diste Tzedaká, y en la tarde llega otro pobre a pedirte caridad, no debes decir

---

[155] Tehilim 112, 9.
[156] Mishlé 11, 24.
[157] Midrash Mishlé 11, 24.
[158] Mishlé 28, 27.

que ya diste en la mañana, sino que deberás dar de nuevo".[159]

Cuando la persona da Tzedaká se está salvando de la muerte, así como está escrito: T*zedaká tatzil mimavet*" ("La Tzedaká salva de la muerte").[160] Cuenta el Midrash que la hija de Rabí Akibá tenía destinado morir en el día de su boda. Cuando llegó ese día, la hija de Rabí Akibá alimentó a un pobre sin que nadie se diera cuenta y se salvó del piquete de una víbora que tenía destinada a picarla y matarla. En ese momento, Rabí Akibá se dio cuenta de que la Tzedaká realmente salva de la muerte.

Dice el Talmud Yerushalmi: "Había un rey llamado Monbaz, quien dedicó toda su vida a otorgar de su dinero para los más necesitados. Le dijeron sus familiares: Tus padres ahorraron mucho dinero para ti, y ¿tú lo gastas en los pobres? Les contestó: ¡Yo gané mucho más que ellos! Mis padres ahorraron para este mundo y yo ahorré para el Mundo Venidero.

La virtud de la generosidad depende de la rutina. Cuando la persona se dedica a dar mucho, sin freno, se considera "generoso"; pero cuando la persona da una vez, no se considera generoso, aunque haya dado lo mismo. Por ejemplo, una persona que da mil monedas de una sola vez, no es tan generoso como la persona que da las mil monedas una tras otra. Esto es porque la

---

[159] Midrash Mishlé 28, 27.
[160] Mishlé 10, 2.

persona que da una sola vez puede ser que ya no dé a la próxima; pero la persona que dio mil veces, seguramente seguirá dando.

Así como dice el Pirké Abot: "*Hakol lefi rob hamaasé*" (Todo depende de la mayoría de sus actos).[161]

Explica el Rambam, que todo depende de la "cantidad de los actos" y no de "la grandeza del acto". Es decir, "es mejor hacer muchos actos buenos, que pocos actos grandes". La persona que hace muchos actos buenos, incluso pequeños, se acostumbrará a siempre hacer actos buenos, pero la persona que hace un solo acto bueno, incluso muy grande, tal vez ya no seguirá haciendo actos buenos.

2. Con acciones físicas

Muchas veces tenemos la oportunidad de ser generosos con nuestros compañeros por medio de la ayuda física.

Cuántas veces vemos que nuestro compañero necesita de alguna ayuda y no aprovechamos el momento para ayudarlo. Por ejemplo, si se le cae algo al piso esperamos a que él lo levante en vez de adelantarnos a ayudarlo.

[161] Pirké Abot 3, 15.

Seguramente hemos visto a nuestro compañero que necesita dinero y no lo apoyamos, ya que no nos lo pide. Incluso, aunque sea poco, debemos saber que cuando ayudamos a alguien antes de que nos lo pida, vale mucho más que después de que él lo pidió.

Cuántas veces cuando nos piden algo y no lo damos, o lo damos de mala manera, o lo damos en una forma de avaricia. Cuando prestemos algo, debemos hacerlo de la mejor manera posible y hacerlo con el corazón.

Debemos ser generosos con cualquier persona de acuerdo a nuestras posibilidades, sin pensar que por cuanto que no tenemos bienes económicos no podemos ayudarlo.

- El hecho de rezar por alguien, también se considera un acto de generosidad.
- Visitar a un enfermo se considera ser generoso.
- Prestar dinero se considera ser generoso.

3. Con el intelecto

La generosidad con el intelecto es realmente fácil, pero es la que menos aplicamos en nuestras vidas.

- Es muy fácil dar una palabra de aliento a un hombre deprimido.
- Es muy sencillo dar una sonrisa a un hombre triste.

- Cualquiera es capaz de dar un buen consejo al compañero.

¡No seamos tacaños con nuestras palabras! ¡No nos cuesta nada dar una palabra de aliento, un buen consejo (si realmente sabes darlo), una sonrisa!

Guemilut Jasadim incluye ofrecer una palabra de aliento o de bondad a los demás. Cuando Dios creó el primer ser humano a Su imagen y semejanza, insufló en el hombre una parte de Él Mismo, el aliento de vida, y entonces el hombre se volvió "un espíritu hablante".[162]

El Rebe Najmán dice que debemos utilizar el poder del habla —la facultad que nos diferencía de los animales— para articular "palabras de caridad".[163]

Existe un gran poder en el acto de recibir a la gente con una sonrisa. Nos enseña el Rebe Najman:

Con alegría puedes darle vida a una persona. Esa persona puede sufrir una terrible agonía y no ser capaz de expresar lo que pesa en su corazón. No hay nadie ante que pueda abrir su corazón, de modo que permanece profundamente dolorido y preocupado. Si te acercas a tal persona con un rostro alegre, podrás

---

[162] Targum Onkelos sobre Bereshit 2:7
[163] Likutey Moharán II, 2:4

animarla y literalmente darle vida. ¡Ésta es una gran cosa y de ninguna manera es un gesto vacío![164]

¡De modo que, incluso una sonrisa, pertenece a la categoría de la caridad!

[164] Sabiduría y Enseñanzas del Rabí Najmán de Breslov #43

¿REINASTE A DIOS EN LA MAÑANA Y EN LA NOCHE?

¿IMLAJTA ET KONEJA SHAJRIT BEARBIT?

2. ¿Reinaste a Dios en la mañana y en la noche? *¿Imlajta et koneja shajrit bearbit?*

¿Qué es un Rey?

Otra de las preguntas que nos harán en el Cielo cuando nos vayamos de este mundo, será: ¿Reinaste a Dios en la mañana y en la noche?

Debemos entender a qué se refiere esta pregunta y qué podemos hacer mientras estemos vivos para poder contestar positivamente después de toda una vida.

Se cuenta de un Jazán que estaba haciendo *Tefilá* en el Bet Hakenéset en Rosh Hashaná. Al llegar a la parte donde se reina, se corona y se alaba a Dios, no pudo continuar y se frenó frente a toda la comunidad.

Comenzó a llorar y a llorar, de tal manera que no le salía la voz. Transcurrió un momento e intentó nuevamente, pero nada. Ante esta situación se levantó el rabino de la comunidad, y después de que el Jazán se hubiera calmado, le preguntó:

—¿Qué te ha pasado, por qué no puedes continuar?

El Jazán, aún conmovido, le contestó:

—Al querer pronunciar las palabras 'El Rey', recordé el relato en el Talmud que cuenta sobre el encuentro de Rabán Yojanán y Vespasiano. Rabán Yojanán le dijo: "¡Que la paz esté contigo, rey, que la paz esté contigo, rey!". Vespasiano le replicó: "Tú estás condenado a morir dos veces. Una porque yo no soy rey y me has llamado como tal. Y la segunda, porque si yo fuera rey, tendrías que haber venido antes".

Al escuchar esto, el rabino le pidió que le explicara a qué se refería. Le dijo el Jazán al rabino:

—Ahora tengo que proclamar públicamente que Él, el Todopoderoso, es el Rey del universo. ¿Ahora vengo a recordar eso? ¿Acaso no lo sabía antes? Y si realmente lo sabía ¿por qué no me presenté antes delante de Él? Ésa es la razón de mi llanto.

Para poder entender este relato, primero debemos entender qué es un rey:

El rey gobierna y hace lo que quiere en su territorio; él está sobre la ley y no hay nadie que pueda interferir en sus decisiones. La vida de sus súbditos está en sus manos. Aquel que se revela en contra de él, aquel que no hace su voluntad, merece la pena de muerte.

El rey que no tiene la posibilidad de decretar pena de muerte, que no puede decretar que su gobierno irá a la guerra en contra de otro país, no tiene poderes absolutos. Si tomamos al rey que conocemos hoy en día -como ejemplo de lo que hoy es la monarquía-, nos estaríamos equivocando. ¡Eso no es un rey! Sólo cuando el monarca puede decretar vida o muerte, pasa a ser un personaje omnipotente al cual todos temen y a quien todos están dispuestos a servir. Así también, si él da un veredicto, él también puede cambiarlo según su voluntad.

Todo esto que hemos mencionado es la definición de un rey humano, y hoy en día el concepto de reinado es desconocido y extraño para nosotros. Nos es difícil pensar que existe un monarca omnipotente que puede ordenar y su voluntad debe ser cumplida. Las monarquías de hoy en día tienen derechos limitados por la ley, y por lo general el rey es sólo un símbolo en estos países.

Por otro lado, cuando nos referimos al Todopoderoso, a Dios, Creador de todo el Universo, debemos entender que todo el mundo es Su Reino, y Él es Rey único sobre toda la Creación. Él controla la naturaleza, y todo lo que sucede en el mundo ocurre por Su voluntad. Él decreta la vida y la muerte, Él decreta quién enriquecerá y quién empobrecerá, a quién le corresponde estar sano y a quién no; quién tendrá éxito y quién fracasará; quién tendrá hijos y quién no. Todas las determinaciones están en "Su mano".

Al entender que Dios es el Rey del Universo, que gobierna todo el mundo y que no hay otro fuera de Él, que nuestras vidas dependen de Él y están en Sus manos, tenemos la obligación de reinarlo, honrarlo y respetarlo.

Sin embargo, no es algo fácil. Cualquier cambio en una persona puede tomar mucho tiempo. Hay que estudiar, hay que aprender a comportarse de acuerdo a los preceptos de la Torá. Y sólo si aprendemos cuál es Su voluntad, podremos aprender a comportarnos de acuerdo con ella.

La Torá menciona el título "rey" por primera vez en la guerra de los cuatro reyes.[165] El relato comienza así: "*Y aconteció en los días de Amrafel, el rey de Shinar...*".

Rashí nos dice que este rey fue Nimrod, quien condenó a Abraham a caer en la hoguera para morir quemado por no querer arrodillarse delante de sus dioses (*Amarfel* — Amar - pol: *dijo* - *cae*).

El hecho de que la Torá trae la idea de rey por primera vez, nos viene a enseñar algo: Nimrod viene de la palabra "mered", que significa revelarse en contra de... Nimrod se reveló en contra de Dios y se proclamó rey todopoderoso, con todo el poder para controlar los astros. Como soberano tenía el poder de decretar la muerte de Abraham cuando éste se negó a cumplir el mandato. Sin embargo, Abraham sabía que el único Soberano Todopoderoso es Dios, por lo tanto,

---

[165] Bereshit 14, 1.

se dejó caer a la hoguera para santificar Su Nombre, y Dios lo salvó del decreto humano.

Abraham, quien proclamaba la unicidad de Dios alrededor del mundo, sabía que el hombre no puede decretar nada en contra de la voluntad de Dios.

Miremos esto de forma práctica: si alguien se enferma gravemente y los médicos no le dan mucho tiempo de vida, en ese momento la persona y los parientes recurren a la "última posibilidad": rezar, dar caridad en su nombre, hacer *mitzvot*, etc.

Finalmente, reconocemos que hay un "Médico Todopoderoso" que puede cambiar la sentencia devolviéndole la vida. Por lo menos en esas situaciones nos damos cuenta de que la vida está en manos de Dios. De todas maneras, nos olvidamos de que existe también una "primera posibilidad".

Si hubiéramos rezado antes por nuestra salud y la de nuestros parientes y amigos, si hubiéramos dado caridad, si hubiéramos cumplido con las *mitzvot*, tal vez no hubiéramos llegado a esta situación, a esta enfermedad. El Rey ve la humildad, la devoción de Sus servidores y no decreta pesar sobre ellos.

Como dijimos anteriormente, cambiar no es fácil, sin embargo debemos saber que todo es posible. Nos enseña el Talmud que aquel que quiere purificarse, recibe la ayuda del Cielo para hacerlo.

Ahora que estamos concientizándonos de Quién es Nuestro Rey, debemos trabajar sobre nosotros mismos para honrarlo, respetarlo y reinarlo a un nivel más elevado.

Proclamar a Dios como Rey

La festividad de Rosh Hashaná contiene una paradoja: por un lado, se nos enseña que Rosh Hashaná es el Día del Juicio para la humanidad. Los rectos reciben otro año de vida, los malvados son destinados a la destrucción, y la gente promedio espera hasta Yom Kipur para corregir su camino y ameritar otro año.[166]

Deberíamos implorarle a Dios por otro año de vida, con la esperanza de influenciar nuestro juicio para bien. La Corte de Dios está reunida. Nuestros libros están abiertos. ¡Ésta es nuestra gran oportunidad para rezar por la vida!

Sin embargo, si observamos la liturgia de Rosh Hashaná, esas plegarias están prácticamente ausentes. Pasamos el día proclamando a Dios como Rey y anhelando el día en que la humanidad también lo reconozca. Por más maravillosas e inspiradoras que parezcan estas plegarias, parecieran prácticamente fuera de foco respecto al objetivo del día. ¡Prácticamente no pedimos por un buen año para nosotros mismos! ¿Por qué nuestras plegarias

---

[166] Maséjet Rosh Hashaná 16b.

aparentan reflejar tan mal lo que está ocurriendo en el Cielo?

En Rosh Hashaná hacemos algo más fundamental que simplemente pedirle a Dios que nos de vida. Estamos recomenzando una relación con Él. Estamos dejando de lado nuestro pasado y comenzando de nuevo. No estamos pidiéndole a Dios que nos perdone y nos de vida, a pesar de nuestro no tan ejemplar pasado. Estamos ignorando todo eso y comenzando completamente de nuevo hoy, en el cumpleaños del mundo.

¿Cómo lo hacemos? Redefiniéndonos a nosotros mismos y a nuestra relación con Dios. Declaramos a Dios como el Rey del Universo y Rey sobre nosotros. Nos identificamos con el objetivo del mundo: que la humanidad reconozca a Dios y se dedique a Él. Queremos ser parte de esa misión, queremos que Dios sea Rey.

Rosh Hashaná es mucho más que un día de Juicio. También es un día de balance. Dios creó el mundo con un objetivo, y cada año, en el cumpleaños del mundo, Dios revisa el estado del mundo para ver si se está acercando o alejando de ese objetivo.

El objetivo del mundo es que la humanidad reconozca a Dios y que el mundo sea un reflejo de Su gloria. En Rosh Hashaná, Dios nos enjuicia a cada uno de nosotros no sólo en base a nuestras acciones, sino también en base a qué tanto fuimos parte de esa elevada misión. Al identificarnos con el reinado de Dios y rezar para que sea revelado, demostramos que queremos ser parte de ese objetivo. Recomenzamos nuestra relación con Él y nos dedicamos nuevamente a Él. Es cierto, puede que no hayamos sido perfectos el año pasado, pero sabemos cuál es el objetivo del mundo y queremos ser parte de éste. Queremos otro año de vida. Queremos hacer del mundo un lugar mejor.

Pero, ¿estamos simplemente barriendo nuestros errores pasados bajo la alfombra, simulando ser almas completamente puras y prístinas? ¿Qué ocurrió con el pasado con el que todos cargamos?

La respuesta demuestra la belleza verdadera de Rosh Hashaná. No sólo estamos olvidando, sino que estamos haciendo algo mucho más profundo: estamos saliendo de nuestra propia miopía. En lugar de preocuparnos por nuestro propio juicio, por el año que Dios nos dará, vemos más allá para pensar en Dios. Declaramos nuestro profundo anhelo de que el mundo reconozca a Dios como Rey. Queremos que toda la humanidad reconozca a Dios.

En lugar de preocuparnos por nuestro propio destino, nos elevamos y declaramos que lo único que nos importa es Dios.

Dios nos está juzgando, decidiendo si recibiremos otro año de vida. Pero nosotros olvidamos eso y decimos una cosa: "Dios, nos importa Tu honor. Queremos que Tu nombre sea engrandecido entre los hombres". Ahora, ¡esa es una señal real de una relación con Dios! Dejamos nuestras preocupaciones personales de lado (el hecho de que nuestra vida esté en juego en este Día del Juicio) y miramos hacia Dios. Declaramos que lo que realmente nos importa es Dios y Su honor, no nuestro destino individual. ¡Dios es lo único que importa! Y con ese gran reconocimiento, podemos comenzar nuestra relación con Él completamente desde cero. Debemos vivir para Dios, y nada le es más valioso que esto.[167]

Un encuentro con nuestro Autor

El calendario judío comienza con algo que debe ser una experiencia fascinante para cada judío: Rosh Hashaná. Es un tiempo de aguda introspección personal en el cual nos vemos enfrentados con preguntas fundamentales relativas a nuestra existencia: ¿Por qué estoy en este mundo? ¿Cuál es el propósito de mi vida? ¿De qué soy responsable?

En este día, afirmamos uno de los principios básicos del pueblo judío: que Dios, Quien creó y guía el Universo, es nuestro Rey.

---

[167] Por Rav Dovid Rosenfeld en: https://www.aishlatino.com/h/rhyik/rh/Comenzando-de-cero-en-Rosh-HaShana.html

¿Por qué quisiéramos coronar a Dios como nuestro Rey?

Hay varias respuestas diferentes para esta pregunta, y cada uno debe encontrar aquella que le responde mejor. La siguiente explicación, a mí me agradó:

En la novela de Kurt Vonnegut "Breakfast of Champions" (El Desayuno de los Campeones), hay una escena que explica el significado de Dios como Rey. El protagonista principal, Kilgore Trout, está bebiendo en un bar, ocupado de sus propios asuntos. De repente siente que una presencia imponente entra al bar y él comienza a sudar. ¿Quién entró al bar?

Kurt Vonnegut. Cuando el autor del libro entra a su propia novela para visitar a su personaje, la percepción de Kilgore de su mundo se da vuelta. Comprende que él no tiene existencia independiente. Por el contrario, cada momento de su vida requiere un nuevo movimiento del lápiz del autor. Sin el autor, él deja de existir. También entiende que su universo sólo existe en la mente del autor y que más allá de su mundo efímero, existe una dimensión mayor —el reino de Kurt Vonnegut— que es más real que su propia esfera. También descubre que literalmente todo lo que existe en su universo es una expresión de Kurt Vonnegut. Porque en el mundo de Kilgore, el autor es el único ser que tiene verdadera existencia…

Nuestro mundo finito también es un trabajo de Creación. En él, todo es una expresión de la Unicidad de Dios. Sin que exista un nuevo acto de creación a cada instante, nada puede existir.

Si bien la analogía de Vonnegut tiene sus fallas –él no es Dios, y su creación sólo existe en el reino de las ideas- de todas maneras, nos enseña que puede existir una realidad más allá del mundo finito de nuestra experiencia inmediata. Al igual que Kilgore, en Rosh Hashaná nos encontramos cara a cara con nuestro "Autor". El reconocimiento de que Dios es el Creador y el Rey del universo tiene un profundo significado respecto a la manera en la que nos relacionamos con la vida, su significado y nuestro propósito en este mundo. Coronar a Dios como nuestro Rey es elegir lo trascendente a lo efímero, lo infinito sobre lo finito y la realidad por sobre la ilusión.[168]

Explica Rab Aharon Kotler: La esencia de sentir a Dios como nuestro patrón y como nuestro Autor, nos lleva a proclamarlo como Rey sobre nosotros, tal como dice el versículo: "*Hoy es el comienzo de tu trabajo, un recuerdo del Primer Día (de la Creación)*".

Esto significa literalmente el rejuvenecimiento, es decir que uno se convierte en una persona nueva… que Dios, Bendito Sea, le da a la persona el poder de

[168] Basado en el artículo del Rab Nejemia Coopersmith. "Hiding from God", aish.com

renovarse. Es como si lo volviera a crear en este día (Rosh Hashaná) y él acepta sobre sí el Reinado del Cielo.[169]

¿Cómo podemos reinar y coronar a Dios?

El Ritbá escribe:[170] ¿Cómo podemos coronar a Dios como Rey? A través del Shofar.

Aparentemente no se entiende. Debería haber sido suficiente con aceptar a Dios como Rey en nuestros corazones sin la necesidad de un Shofar. Sin embargo, esto no hubiera tenido un efecto duradero. Sólo a través del acto de tocar el Shofar, este sentimiento tiene la fuerza para perdurar e influenciarnos a lo largo del año.[171]

La pregunta es: ¿Qué mensaje nos deja el Shofar, que dependemos tanto de él para tener la fuerza de coronar y reinar a Dios en nuestras vidas?

Vamos a escribir la historia de la *Akedat Itzjak* para poder entender un gran mensaje.[172]

…Fue después de esto que Dios probó a Abraham y le dijo: “Abraham” y él le respondió: “Aquí estoy”. Entonces Él le dijo: “Toma a tu hijo, a tu único hijo, a

---

[169] Rab Aharon Kotler en Mishnat Rabi Aharon, Lakewood, N.J., 1988, Volumen II, página 196

[170] Sobre Maséjet Rosh Hashaná 16a.

[171] Rab Avraham de Sojatjov, Neot Deshé, Volumen I, página 153.

[172] Bereshit 22, 1-13.

quien amas, Itzjak, y ve a la tierra de Moriá y ofrécelo como un sacrificio en una de las montañas que te mostraré". Y Abraham se levantó temprano a la mañana, ensilló su burro y llevó con él a sus dos sirvientes, y a Itzjak su hijo, y cortó leña para el sacrificio y subió hacia el lugar que Dios le había dicho.

Y el tercer día Abraham levantó sus ojos y vio desde lejos el lugar. Y Abraham habló a sus sirvientes: "Esperen aquí con el burro, y el muchacho y yo iremos a aquel lugar a rendir culto (a Dios), y luego regresaremos con ustedes". Y Abraham tomó la leña para el sacrificio y lo colocó sobre Itzjak, su hijo, y tomó en su mano el fuego y el cuchillo y los dos subieron juntos. E Itzjak le dijo a Abraham su padre: "Mi padre" y él le dijo "Aquí estoy, hijo mío". Y él le dijo: "Aquí está el fuego y la leña, ¿dónde está la oveja para el sacrificio?" Y Abraham dijo: "Dios proveerá la oveja para el sacrificio, hijo mío", y los dos fueron juntos.

Llegaron al lugar que Dios le había dicho y Abraham construyó un altar y arregló los leños y ató a su hijo Itzjak y lo colocó sobre el altar arriba de las maderas. Y Abraham extendió su mano y tomó el cuchillo para dar muerte a su hijo. Y (el ángel) le ordenó: "No extiendas la mano (para matar) al muchacho".

Y un ángel de Dios lo llamó desde los Cielos y le dijo: "¡Abraham! ¡Abraham!".

Y él dijo: "Aquí estoy".

Y (el ángel) dijo: "No extiendas tu mano (para matar) al muchacho ni le hagas nada, porque ahora Yo sé que le temes a Dios, y que no me has negado a tu hijo, a tu único hijo".

Entonces Abraham miró hacia arriba y vio un carnero con los cuernos atrapados en un matorral. Abraham fue y tomó al carnero y lo ofreció como sacrificio en lugar de su hijo.

Dice el Talmud: Rabi Abahú dijo: "¿Por qué tocamos un Shofar hecho del cuerno de un carnero?"[173]

Dios dijo:

"Toquen con un Shofar de cuerno de carnero para que Yo recuerde el sacrificio de Itzjak, hijo de Abraham, y consideraré como si se hubieran ofrecido ustedes mismos ante Mí".

Sobre esto, dijo el Ritbá:

Esto no significa que sea obligatorio tocar con el cuerno de un carnero… Nos hacemos la siguiente pregunta: Puesto que cualquier cuerno curvo puede servir, ¿por qué el pueblo judío adoptó la costumbre de usar específicamente un cuerno de carnero? … Evidentemente debe ser como él dice [en alusión a la

---

[173] Maséjet Rosh Hashaná 16a.

Akedá]. Nos esforzamos por hacerlo de esta manera, a pesar de que es simplemente una costumbre.

Sin embargo, Dios dice que Él le prometió a Abraham que siempre que Sus descendientes sigan Sus huellas y cumplan una *mitzvá* con amor, Él va a recordar la Akedá, tal como dice el versículo: "En el Monte de Dios será visto".

De esta manera, podemos decir que Dios nos está diciendo: "Toquen ante Mi el Shofar de un cuerno de carnero, con el cual manifiesten su amor hacia esta *mitzvá*, que es un recuerdo de la Akedá; y puesto que siguen los caminos de Abraham, Yo consideraré como si Yo les hubiera ordenado ofrecerse a ustedes mismos en sacrificio ante Mí y como si ustedes lo hubieran hecho".

En resumen: El Shofar, o de manera más específica, un Shofar realizado con el cuerno de carnero, es una alusión a la Akedá, el sacrificio de Itzjak. De esta manera, es un símbolo de la dedicación judía al cumplimiento de la Voluntad de Dios.

En otras palabras, el significado de reinar a Dios, es: cumplir la Voluntad de Dios.

La continuidad del Universo depende de esto

Cada año, en Rosh Hashaná, "todos los habitantes del mundo pasan ante Dios como un rebaño de ovejas" y se decreta en la Corte Celestial; "quién vivirá y quién morirá..., quién se empobrecerá y quién se enriquecerá; quién caerá y quién se levantará".

Pero éste es también el día en que proclamamos a Dios Rey del Universo.

Los cabalistas enseñan que la continuación de la existencia del Universo depende de la renovación del deseo divino del mundo, cuando aceptamos el reinado de Dios cada año en Rosh Hashaná.

El Reinado no sólo se refiere a la existencia de Dios, sino también a Su control activo del Universo. Siendo el aniversario del Día de la Creación, Rosh Hashaná es el día en el cual se renueva el Reinado de Dios. De esta manera, centramos nuestras energías en coronar a Dios como Rey del Universo, tanto como Rey sobre nuestro pequeño universo.

¿REINASTE A TU COMPAÑERO?

¿IMLAJTA ET JABEREJA BENAJAT RÚAJ?

3. ¿Reinaste a tu compañero? *¿Imlajta et jabereja benajat rúaj?*

Honra y respeta a tu compañero como un rey[174]

Otra de las preguntas que nos harán cuando nos vayamos de este mundo, será: "¿Hiciste sentir bien a tu compañero?", (*¿Imlajta et jabereja benajat rúaj*?).[175]

La traducción literal de "*imlajta*" es: "reinar", es decir, la pregunta que nos harán será: ¿Honraste y respetaste a tu compañero como un rey? Pero no como un rey de carne y hueso, sino como el Rey del Mundo, que es Dios.

Rab Yejezkel Levinshtein solía decir: "Pobres de aquellos que tratan a su semejante como un pedazo de madera, y como si fueran una cosa. De la misma manera en que honramos a Dios, debemos honrar a las personas. Y no basta con no avergonzar o no faltarle el respeto, o no gritarle a los demás, sino respetar y honrar a cualquier persona, igual que como se le respeta a Dios".

---

[174] Hatorá Hamishapat Perashat Mishpatim.

[175] Reshit Jojmá Shaar Hairá capítulo 12, *Shaaré Kedushá* 2:2.

Dijo Rab Baruj de Kosob: “Pobres de aquellos que se cuidan de no comer insectos, pero se comen a las personas”.

Hay una ley en la Torá que está prohibido entrar al cementerio mostrando los tzitziot por fuera de la ropa, es decir, que estén descubiertos. El motivo es para no avergonzar a los muertos, que ellos ya no tienen la oportunidad de cumplir con las *Mitzvot*.[176]

El Saba de Slabodka decía: “Con mayor razón debemos cuidarnos en el honor y en el respeto de las personas con vida, que tienen emociones y sienten todo lo que les sucede”.

Recibe a todas las personas con buena cara

Sobre la pregunta que nos harán: “¿Hiciste sentir bien a tu compañero?”, (*¿Imlajta et jabereja benajat rúaj*?).[177]

Debemos entender que esta pregunta incluye muchos otros conceptos: ¿De qué manera hablamos con nuestro compañero?, ¿Qué tanto le ayudamos al prójimo?, ¿Hicimos sentir bien a otra persona?

Para poder responder positivamente a todas estas preguntas, debemos tener mucho cuidado en varios

[176] Maséjet Berajot 18 y Shulján Aruj 23, 1.

[177] Reshit Jojmá Shaar Hairá capítulo 12, *Shaaré Kedushá* 2:2.

detalles en lo que se refiere al honor de nuestro prójimo en general.

Por ejemplo, siempre se deberá mostrar buena cara hacia nuestro prójimo, incluso si uno mismo tiene algún problema o está preocupado por algo, deberá cambiar su apariencia y demostrar una buena cara hacia los demás, así como está escrito en el Pirké Abot: "Hilel solía decir: Recibe a todas las personas con buena cara (*hevé mekabel et kol haadam beseber panim yafot*)".[178]

Rabenu Yoná explica las palabras: "Con buena cara" y dice: "Con alegría".

Un gran ejemplo de cómo hacer sentir bien a los demás, con alegría y dar una sonrisa, es el siguiente:

Le preguntaron a Rab Jaim Frinlander:

—¿Por qué cuando habla por teléfono, incluso que nadie lo está viendo, siempre sonríe?

Contestó el Rab algo increíble:

—Aunque esa persona con la que estoy hablando no vea mi sonrisa, sí puede escuchar que estoy hablando con una sonrisa, porque quien habla alegre y contento, se siente, aunque no lo vea.[179]

---

[178] Pirké Abot 1, 15.

[179] Sifté Jaim Moadim 1, página 24, en la introducción.

Contó Rab Israel de Salanter que cuando era pequeño, se dirigía a la sinagoga pocos minutos antes del día de Yom Kipur. En el camino se encontró a un gran Rabino que también se dirigía a la sinagoga.

Rab Israel le preguntó algo que le era importante, pero el Rabino por tanto miedo del Día del Juicio, no le pudo contestar.[180]

Después de muchos años, Rab Israel dijo lo siguiente:

—Cuando llegué con ese Rabino y le pregunté algo que era importante para mí, no me contestó. Pero ¿qué culpa tengo yo, en que él esté preocupado y nervioso? Todos deben mostrar buena cara cuando se habla de tratar a otras personas, incluso cuando se tenga algún problema o preocupación, etc.[181]

Rab Menajem Man Shaj fue un gran ejemplo de cómo honrar y respetar a los demás:

Casi siempre, cuando llegaban a hacerle alguna pregunta, o a pedirle algún consejo, él se paraba para hablar o responderle a tal persona. Esto, para darle honor y respeto. Incluso en su vejez, que ya no tenía mucha fuerza, se paraba frente a las personas y les respondía. Pero no era una vez al día, eras decenas de veces, donde casi todo el día se quedaba parado para darle respeto a las personas.

---

[180] Rab Itzjak Blazer en Netibot Or (y en Or Israel).

[181] Rab Iztjak Blazer en Netibot Or.

En una ocasión le preguntaron:

—¿Por qué se comporta de esa manera? ¿Acaso no es mucho esfuerzo sentarse y pararse cada vez que le preguntan algo? ¿Tantas horas parado para darle honor a los demás?

Contestó Rab Shaj lo siguiente:

—Cuando me vaya de este mundo, me preguntarán: "¿Hiciste sentir bien a tu compañero?". Y la verdad me gustaría contestar bien a esa pregunta, por eso me paro con cada uno y uno que viene conmigo".[182]

El famoso Gaón de Vilna escribió en una de sus cartas: "Hablar con el prójimo con tranqulidad y mostrar alegría hacia los demás, es la mayoría de la Torá".[183]

El hecho de mostrar mala cara a los demás, es un pecado. Así como existe una prohibición de dañar a los demás con malas palabras, existe una prohibición de dañar a otros con una mala cara, ya que el manifestar una mala cara a otro, lo hacer sufrir.[184]

No basta con cumplir las leyes escritas

Dice Rab Yerujam de Mir: Cuando se trata de relacionarse con el prójimo (*mitzvot ben adam*

---

[182] Peniné Rabenu Haebí Ezrí.

[183] Igueret Hagrá.

[184] Séfer Yereim, amud hairá 51.

lajaberó), no basta con cumplir las leyes básicas escritas en los libros, por ejemplo, visitar enfermos, dar *tzedaká*, consolar a personas de luto, sino que se deberá hacer algo más, ya que nuestros Sabios nos dicen que una de las preguntas que nos harán al irnos de este mundo será: "¿Hiciste sentir bien a tu compañero?".[185]

Para contestar positivamente a esa pregunta, no basta con cumplir las *Mitzvot* relacionadas hacia la gente, como las que mencionamos. Debemos dar un paso adelante. Por ejemplo, sonreír al hacer un favor, dar ánimo a gente que lo necesita, ver a los ojos al saludar a los demás, etc., ya que todo esto es honrar y respetar a los demás, que es exactamente la pregunta que nos harán al irnos de este mundo.

Además, está escrito: "Se deberá honrar y respetar al compañero más que a uno mismo".[186]

La pregunta es: ¿por qué tanto? ¿Por qué debemos honrar a los demás, al grado de que será una de las preguntas que decidirán nuestros futuro eterno en el mundo venidero?

Dicen nuestros Sabios: por cuanto que cada persona tiene *tzelem elokim*,[187] es decir, imagen y semejanza a Dios, debemos darles el debido honor y respeto. Así

[185] Maséjet Shabat 31a.

[186] Bereshit Rabá 24, 8.

[187] Yerushalmi Maséjet Nedarim 9, 4.

como se honra a un rey, se debe honrar a sus semejantes, que en este caso, somos todos nosotros, sus hijos.[188]

Así como está escrito en el Pirké Abot: "Todo aquel que avergüenza a su compañero en público, no tiene derecho de entrar al mundo venidero".[189] Explica el comentarista Tosfot Yom Tob: Debido a que la persona tiene imagen y semejanza de Dios (parte de Dios), es como si le está faltando el honor a Dios.

En una ocasión, Rab Natán Tzvi Finkel, conocido como el Saba de Slabodka, observó que una persona le faltaba el respeto a otro. Y le dijo:

—¿Acaso así te comportas con tu compañero? ¿Acaso entiendes con quién te estás metiendo? ¡Con alguien que es imagen y semejanza de Dios!. Primero deben entiender quién es él y luego verás si te atreves a hacerle o decirle algo que lo ofenda.[190]

Vemos de estas palabras que no basta con cumplir únicamente las reglas y leyes que tienen que ver con los demás, sino que debemos darles un debido honor muy especial a cada persona, pensando que tienen parte de Dios dentro de ella. Y el hecho de darles un honor especial, es una *mitzvá* por aparte.

---

[188] Ohel Moshé página 499.
[189] Pirké Abot 3, 11.
[190] Hatorá Hamishapat Perashat Mishpatim.

Así como escriben nuestros Sabios: "Si alguien le da a otro todos los regalos del mundo, pero con mala cara, se considera como que no le dio nada; pero si alguien le muestra una bonita cara a otro y le da ánimos con su sonrisa, incluso que no le haya dado nada de regalos, se considera como si le regaló los mejores regalos del mundo".[191]

Dice Rab Shelomó Volbe: No basta con darle una sonrisa y una cara alegre únicamente a nuestros parientes, hijos, pareja o gente con la que nos relacionamos, sino a cualquier persona que nos encontremos en el camino. Al policía, al chofer, al taxista, a quien atiende el supermercado, etc.

Hay una hermosa historia donde podemos ver el gran valor de dar una sonrisa a otro:

Hubo un hombre que hizo *Teshubá* (se convirtió en una persona ortodoxa) a quien le preguntaron cuál fue el motivo por el cual se hizo religioso ortodoxo.

Y él contestó: "Yo era un niño completamente laico y alejado de la religión; vivía en un lugar donde no había religiosos, sino únicamente vivía ahí un hombre religioso ortodoxo. En ese lugar no se acostumbraba saludar uno al otro en la calle. Pero ese hombre religioso, siempre me saludaba con una hermosa sonrisa. Cada vez que iba yo a la escuela, veía a ese hombre y me saludaba con un afectuoso saludo. Y

[191] Abot de Rabi Natán al final del capítulo 13.

poco a poco comencé a pensar: ¿Cómo es posible que aquí nadie salude, sino únicamente ese hombre religioso? Seguramente la Torá es buena. Y comencé a conocer cada vez más la Torá, hasta convertirme en una persona religiosa ortodoxa".[192]

Dar un respeto especial a los demás

Dice el Talmud:[193] Cuando enfermó Rabí Eliézer, entraron sus alumnos a su cuarto para pedirle algún consejo antes de partir de esta vida. Y le dijeron:

—Díganos maestro, ¿cuál es el camino correcto con el cual podremos llegar al Mundo Venidero?

Les contestó Rabí Eliézer:

—Cuiden el honor y respeto de las personas.

Vemos de estas palabras que para llegar al Mundo Venidero no es suficiente con cumplir las leyes relacionadas con Hashem (*mitzvot ben adam lamakom*); tampoco es suficiente con cumplir las leyes relacionadas con el compañero (*mitzvot ben adam lajaberó*), sino se deberá hacer algo más: dar el respeto y honor a todas las personas.[194]

De las palabras de Rabí Eliézer, podemos ver que a TODAS las personas debemos honrar y respetar, no

---

[192] Alé Shur 2, páginas 201 y 202.
[193] Maséjet Berajot 28b.
[194] Ohel Moshé página 499.

sólo a personas importantes, adineradas, Jajamim, sabios, parientes, etc.

Así como podemos verlo en la siguiente historia:

Se cuenta que en una ocasión Rab Jaim Soloveichik se encontraba dentro de un tren. Un hombre ingresó a ese mismo vagón y se sentó junto al Rab.

Debido a que ese hombre era un poco cínico y hacía de menos a los demas, empujó con su cuerpo al Rab (sin saber quién era él exactamente) hasta que se cayó de su asiento.

Cuando llegó el tren a la ciudad de Brisk, que era la ciudad donde vivía el Rab, cientos de personas fueron a recibirlo, siendo un rabino tan importante y honorable.

En ese momento, el hombre entendió realmente a quién había ofendido y faltado el respeto. Por supuesto que le pidió perdón, y su sinceridad era correcta.

Pero Rab Jaim no quiso perdonarlo. Incluso que le insistía por su perdón, no era correspondido con el perdón deseado.

Y el motivo del Rab era muy claro y sencillo. Y así le explicó el Rab a ese hombre, lo cual nos deja una gran enseñanza:

—Tú, tuviste el descaro de tirarme del asiento porque pensabas que yo era como cualquier persona, sin saber que yo era un rabino. Y ahora, únicamente estás pidiendo perdón porque te enteraste que soy el Rab de Brisk y no soy como cualquier otra persona. Según esto, si te perdono, no servirá de nada; ya que seguirás comportándonde igual con cualquier persona y sólo a los rabinos los respetarás…

Hasta que ese hombre entiendió el mensaje y recibió sobre sí tener más cuidado hacia los demás y honrar a cualquier persona, el Rab lo perdonó.

¿CUÁL ES TU NOMBRE?

¿Cuál es tu nombre?

¿Cuál es la fuente de esto?

Está escrito en nombre del Rab Yeshayahu Horovitz,[195] "el Shlá Hakadosh" (1558–1630), que es bueno decir al final de la Amidá, antes del segundo "*Iyihú leratzón imré fi...*", un versículo, ya sea de la Torá, *nebiím* o *ketubim (Taná'j)*, que comience con la primera letra de nuestro nombre y termine con la última letra de nuestro nombre.

Esto es para que no se nos olvide nuestro nombre cuando lleguemos al Juicio Celestial.[196]

Por poner un ejemplo, alguien que se llama "Shelomó", podría decir el versículo: "*Shir Hashirim asher lishlomó*", ya que comienza con la letra "*shin*" y termina con la leyra "*he*", como Shelomó.

La primera fuente sobre esto, lo menciona Rab Shlomó Itzjaki (conocido como Rashí, 1040-1105), sobre el versículo en Mijá, y escribe así:

"Todo aquel que dice un versículo que empiece y termine con las mismas letras con las que comienza y termina su nombre, se salvará del *guehinam*".[197]

---

[195] Aunque está escrito en algunos libros que esto realmente no está escrito en ninguno de los libros del Shlá Hakadosh, sino está escrito en su nombre únicamente. Así escribe el libro Kobetz Ohel Moshé y Shaaré Halajá Uminhag.
[196] Caf Hajaim 122, 11.

Aunque debemos mencionar que esto que escribe Rashí esta dentro de unos paréntesis, debemos saber que existen varios lugares en el Tanaj donde algunos comentarios de Rashí están entre paréntesis, lo cual, dicen los Jajamim que realmente no lo escribió directamente Rashí, sino uno de los *ajaronim*, llamado: Rab Obadia Amsterdam.

Realmente no hay mucha información al respecto sobre este tema. Pero es algo tan importante, que lo escriben muchos Jajamim. Por eso es bueno decirlo en cada Amidá.

Hay libros donde se escriben diferentes versículos de diferentes nombres, para que cada uno vea qué versículo debe decir.

¿Cuál es el motivo?

La pregunta es: ¿Cómo es posible que a la persona se le pueda olvidar su nombre cuando llegue al Juicio Celestial, si toda su vida lo escuchó cientos de miles de veces?

En alguna ocasión escuché lo siguiente:

Escribe el Jobot Halebabot que, cuando la persona habla *lashón hará* de otro, le está pasando todas las *Mitzvot* que haya hecho en su vida, y todos los

---

[197] Sobre Mijá 6, 9.

pecados que haya hecho aquel de quien hablaron *lashón hará,* son enviados al que lo habló.[198]

Imaginemos que una persona podría llegar al Cielo después de 120 años y va a encontrar muchos pecados que ni siquiera recuerda haber hecho a lo largo de su vida, y de pronto todas las *Mitzvot* que realizó ya no están.

Según ésto, se podrían entender por qué la persona podría olvidar su nombre; ya que las *mitzvot* y/o pecados que le presenten en el Juicio Celestial, podría ser que él mismo no lo hizo, sino lo hicieron otros, pero se lo adjudicaron a él. Es por eso que la persona podría no saber su nombre, ya que son *mitzvot* o pecados de otros, pero se los adjudicaron a él.

[198] *Jobot Halebabot, Shaar Hakeniá*, cap. 7.

Leiluy Nishmat

Nisim Jaim ben Yafa Linda

Donado por:

Familia Agmon Mizrahi

Leiluy Nishmat

Nisim Jaim ben Yafa Linda

Gran amigo y ejemplo a seguir

Donado por:

Salvador Chapan

Donado en memoria de mi querido padre:

Yosef ben Zeti

Que siempre nos enseñó la verdadera finalidad de la vida

Nessim y Oshra Jasqui

Leiluy Nishmat

Teddy Tuvia ben Shula Rajel

Berajá y Hatzlajá de:

Familia Michán Mercado

Familia Michán Levy

Familia Levy Michán

Para salud y larga vida de:

Belora Michán

Dedicado por su nuera:

Linda Michán

Para salud y larga vida de mi esposa:

Judy Michán

Que Hashem le mande mucha Berajá y Hatzlajá en todo lo que haga.

Salo Michán

Para Refuá Shelemá de:

Liba Devasha bat Rajel Leah

Para Berajá y Hatzlajá de:

Gersom y Karen

Para la elevación del Alma de:

Joaquína Hija de Petra

Éxito y sanidad del alma y cuerpo de toda mi familia.

Que sigamos estudiando Torah y cumplir sus mandamientos y preceptos.

De Salomón Carrasco :

Que Hashem nos mande Yeshuot a todo Am Israel

Donado en memoria de mi hermano:

Christian Mauricio Herrera Grajales

Aún en tu partida fue una gran enseñanza.

Familia Herrera Grajales

Y para Salud y Economía de:

Alfred Melchor Vences

Refuá Shelemá, Berajá, Hatzlajá y Parnasá Tobá de:

Paola Monroy bat Beatriz Vázquez

Mario Monroy ben Beatriz Vázquez

Janette Monroy bat Beatriz

Para Para salud y bienestar de la familia:

Castillo Rojas

Para Hatzlajá y Zerá Shel Kayama de:

Jajam Boaz Fariñas Eisenberg y la Rabanit Mijal Fariñas

Que pueden tener hijos Talmidé Jajamim

Leiluy Nishmat

Eduardo Chaim Reyes z´l

Leiluy Nishmat

Nisim Jaim ben Yafa Linda

Donado por:

Shaul Hamui

Leiluy Nishmat

Itzjak ben Mazal

Leiluy Nishmat

Eduardo ben Sofia

Leiluy Nishmat

Leiluy Nishmat Yosef ben Yaacot

Leiluy Nishmat

Itzhak Jacob ben Pinjas HaCohen

Leiluy Nishmat

Isaac Abraham ben Susana

Por su hijo:

Ezra Husny Marcos y Fam

Recuerdo de mi corte de pelo

Gabriel Michán Levy

Octubre 2022

Para éxito material, espiritual
y mucha salud de:

Francisco Guzmán hijo de Rosario Paul.

Y su esposa **Diana Rodriguez hija de Araceli Sastre.**

Y sus hijos **Isaias y Carolina hijos de Diana.**

www.ingramcontent.com/pod-product-compliance
Lightning Source LLC
LaVergne TN
LVHW010601160826
845677LV00013B/3207

* 9 7 9 8 8 4 7 3 8 6 4 9 4 *